『地獄草紙〈安住院本〉』(東京国立博物館蔵、模本)

「地獄の業火」に永劫に焼かれる
耐えがたき呵責——

平安時代の僧・源信が著した『往生要集』によれば、
地獄は八つの階層に分かれ、犯した罪の重さにより
どこに堕ちるかが決まるという。

PICK UP!
（怖すぎ注意!）

飢えを訴えれば、
熔けた銅を
口から流し込まれる

妖艶な美女を追い、
葉が刀身のように
繁る木を永劫に上り下り

獄卒——
地獄で亡者を
責め苛む鬼

『春日権現験記』(国立国会図書館蔵、模本)

他人の作れる悪ゆえに汝苦報を受くるにあらず自業自得の果なり――

(『往生要集』より)

仏教の「因果応報」の教えが地獄の思想を生んだ。

往生者を阿弥陀仏が迎えにくる様子が描かれる
『阿弥陀聖衆来迎図』(東京国立博物館蔵)

極楽の彼岸へ——阿弥陀仏の功徳とは？

地獄堕ちから逃れるため、人々は阿弥陀仏を信仰し、極楽浄土への往生を願った。源信、法然、親鸞と続く念仏の系譜は時代を超えて人々の心を掴み続ける。

法然上人像「鏡の御影」
(くろ谷金戒光明寺蔵)

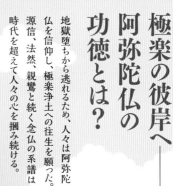

OHSAMA BUNKO

眠れないほどおもしろい 地獄の世界

富増章成

三笠書房

はじめに……死の先には、何が待っているのか？

人は生まれた以上、死ぬ運命にあります。
そして、自分が死んだら行く可能性のある場所――。
それが、本書のテーマである**「地獄」**です。

三途《さんず》の川を渡って閻魔《えんま》王の裁きを受けるとか、悪いことをしたら地獄に堕《お》ちて業火《ごうか》に焼かれるとか、逆に生前の行ないのよかった人は極楽へ行けるとか、こんな「死後の世界」のイメージを、私たちは持っています。

これらの世界観は、仏教の思想の流れからきています。因果の理《ことわり》をこの世を超えて説くことで、「悪いことをするなよ」という倫理的な意味合いもあったでしょう。

しかし、実のところ、お釈迦《しゃか》様は死後の世界については何も語られませんでした。

ただ、人間には死という苦しみがある、と説かれただけ。

つまり、お釈迦様のもともとの教えには、「地獄」の存在はなかったのです。


では、どのようにして「地獄」というものが私たちの中に定着していったのか？

この本では、まず、インドで生まれたお釈迦様の教えがどのように解釈され、あるいはミラクルな進化を遂げて、イマジネーション豊かな異界である「地獄世界」を生み出していったのかを、わかりやすくお伝えします。

さらに、日本に地獄と極楽の思想を広めた源信《げんしん》や法然《ほうねん》、そしてその教えを受け継いだ親鸞《しんらん》へと至る思想の発展についても書いていきます。

「地獄」という思想はどのような時代背景の中で広まっていったのか、また文学や芸術に与えた影響についても見ていきましょう。


そしてもちろん、八層からなるという「地獄」の詳細についても、たっぷりとご紹介します。

平安時代の大ベストセラー『往生要集《おうじょうようしゅう》』に描かれる地獄の番人・獄卒《ごくそつ》によるバリエ

ーション豊かな責め技、インテリジェンスを感じさせる説教（偈《げ》）など、読者の「怖いもの見たさ」を満たしてくれること請け合いです。

この本を手に取って、ページをパラパラとめくった人は、「縁起《えんぎ》」（仏教的な「原因と結果の法則」）を知り、地獄に堕ちるのを予防できるばかりか、「浄土《じょうど》教クリアリング法」を通して「極楽」という最高に幸せな世界についても知ることができます。

死後に地獄があったとしても、今この瞬間に地獄的な気分にあったとしても、人生の舵《かじ》をきっといい方向に向けて切ることができるでしょう。

富増章成

◎目次

◇はじめに……死の先には、何が待っているのか？ 3

1章

仏教はいかにして「地獄」を生んだか？

――「死後に生まれ変わる世界」はこうして決まる

「地獄のイメージ」はどこで生まれた？ 16
私たちは「生まれた以上、死ぬ運命」 18
「執着」のたどり着く先こそ地獄？ 20
「無明」――縁起を知らない恐ろしさ 23
どうすれば「地獄に引き寄せられない生活」ができる？ 24

魂は「死んでも消えない」のか 28
「不滅の魂」は存在する？ しない？ 30
いったい何が輪廻しているのか？ 32
輪廻（生まれ変わり）の「行き先」 33
現在の業（行ない）が未来の境涯を決定する 36
「悪いカルマの蓄積」に要注意 38

2章

「死後の世界」はパラレルワールド

――「地獄」はこうして爆誕した

「大乗仏教」はなぜ地獄という概念を生んだのか 46
「まったく新しい仏教哲学」が発展した背景 49

「お釈迦様伝説」のぶっ飛んだ解釈 52
「誰でもブッダになれる」。だが、どうやって？ 53
仏教世界は「無数のパラレルワールド」！ 56
「超人的な存在」になったブッダ 57
「三千大千世界」という壮大な宇宙観の出現 59
「極楽浄土」と「地獄」は二つでワンセット 60
「浄土への憧れ」は、こうしてマックスに 62
「末法思想」と地獄について 64
源信登場！　極楽往生のススメ 66
『往生要集』は死後の世界のマニュアル書 68
「六道輪廻」とは何か 70

3章

堕ちるな危険！「地獄」マニュアル

――源信の『往生要集』に書かれた阿鼻叫喚の世界

ようこそ！　戦慄と驚愕の地獄ワールドへ　84

①等活地獄

罪人たちが鉄の爪で互いの肉と骨を削り合う！　87

「地獄の刑期」を人間世界の時間に換算すると？　95

刀が雨のように降り注ぐ「刀輪処」　100

豆のように煎られる「瓮熟処」、苦しみが多すぎて書き切れない「多苦処」　102

「むやみな殺生」を繰り返していると……「闇冥処」「不喜処」「極苦処」　105

②黒縄地獄

焼けた鉄の墨縄でマーキングされて切り刻まれる　107

黒縄でグルグル巻きにされ嶮崖から突き落とされる！　112
③衆合地獄
鉄の山に挟まれ、岩石で圧殺され……　116
残酷すぎる「悪見処」、男色に耽った者の「多苦悩処」　125
④叫喚地獄
「酒の飲みすぎ」で鉛を飲まされる!?　130
⑤大叫喚地獄
灼熱の金鋏で舌を抜かれる恐怖　138
⑥焦熱地獄
まるで料理番組のように、肉団子にされ、焼かれ……　141
⑦大焦熱地獄
獄卒に喉仏をガッチリ摑まれ閻魔王から直々の説教！　145
⑧阿鼻地獄
救いようのない「極苦」だけがある世界　148

4章

「地獄」と「極楽」の狭間にある世界

――「餓鬼」とは何か、「阿修羅」の闘いとは？

地獄以外の「五つの世界」はどんな場所？　154
「餓鬼道」――飢えと渇きに苦しみ抜く世界　156
「畜生道」――食べて繁殖するだけの弱肉強食の世界　159
「阿修羅道」――戦いに明け暮れるだけの世界　162
「人道」――救いは厭離穢土だけ！　164
「天道」――死の間際には〝地獄に匹敵〟する絶望が！　171

5章

「極楽浄土」に行く方法

──「念仏」ですべての悪行をクリアリング！

欣求浄土！　「阿弥陀様のお側へ行きたい」 184
浄土教クリアリング法──すべての憂いを打ち払うには？ 185
地獄行きを免れる「ファイナル・アンサー」！ 187
「無量の光明」に満ちた存在、アミターバ 189
初期仏教における「念仏」 192
「南無阿弥陀仏を称えればＯＫ」以前の「観想念仏」とは 197
「仏の姿をイメージ」することがポイント 199
あの法然の目から鱗が落ちた「一文」とは？ 200
それまでの観想念仏を「古い」と一刀両断！ 203
必要最低限で最大の効果！　それが「南無阿弥陀仏」の念仏だ！ 206

煩悩と罪悪にまみれた凡夫にこそ光明を！　207
厳しい修行を積まなくても、女性でもＯＫ！　208
究極の進化！　阿弥陀仏を信じてさえいれば救われる　211
親鸞の「他力本願」と「悪人正機説」　212

◇おわりに……あとは阿弥陀様におまかせ！　219

コラム
お釈迦様 VS ダイバダッタ　41
「空の思想」の何が画期的だったのか　74
「アーラヤ識」をきれいにすれば地獄に堕ちない？　78
九相図――「美女への執着」から離れる瞑想法　175
怪魚伝説　194
浄土教美術　215

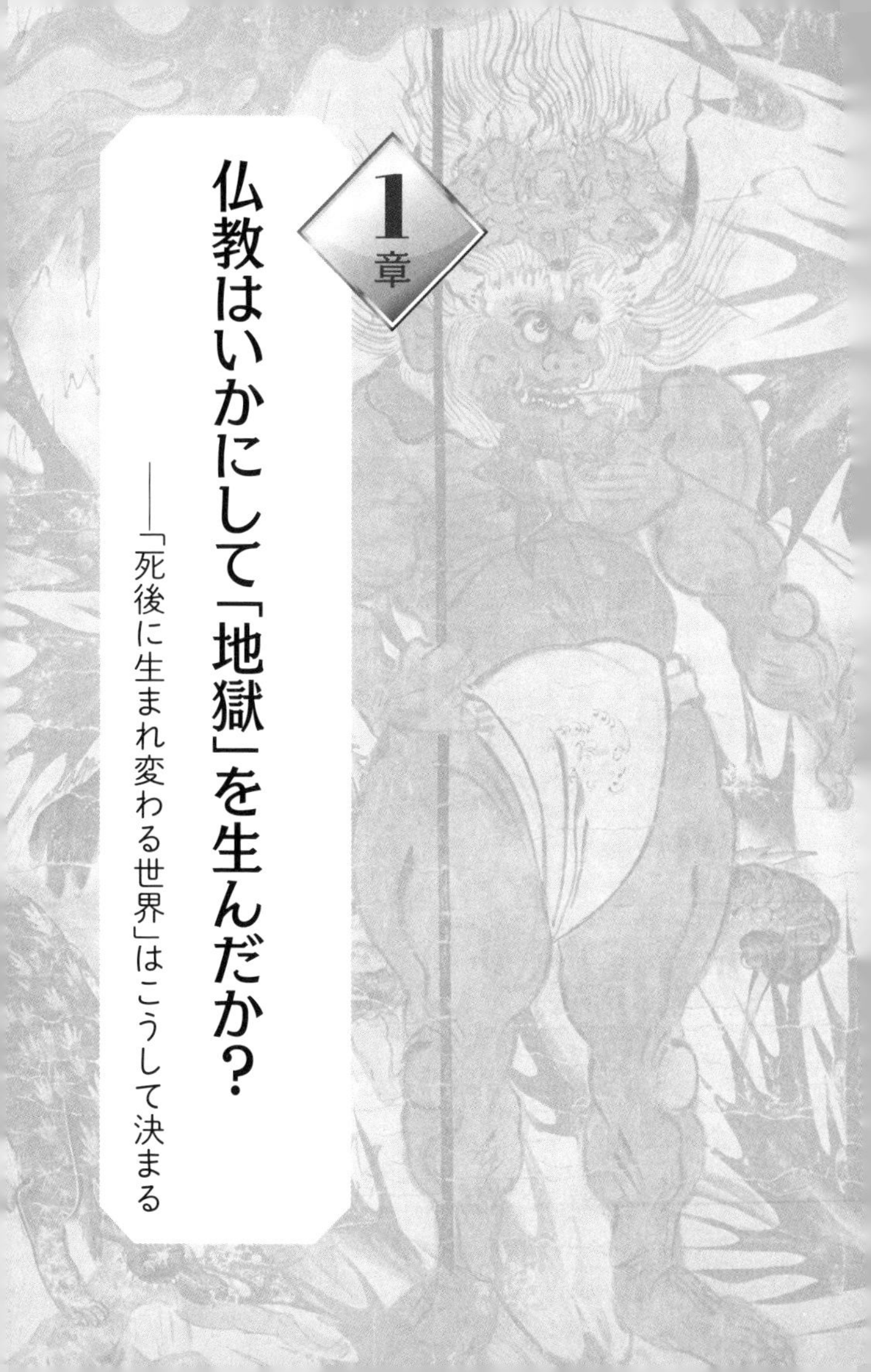

1章

仏教はいかにして「地獄」を生んだか？

——「死後に生まれ変わる世界」はこうして決まる

「地獄のイメージ」はどこで生まれた?

「地獄」といえば、業火が燃え盛り、鬼が亡者《もうじゃ》(罪人)を打ちすえ、大釜の湯がぐらぐら煮えたぎり……。そんな恐ろしい光景を思い浮かべる人は多いでしょう。

それは、誰もが一度は目にしたことのある「地獄の絵」から想起される、一般的な地獄のイメージです。

いったい、**この地獄のイメージは、どこで生まれたのか?**

それはもちろん、**仏教の教え**からなわけです。

ですが、実は、そもそもの仏教の教えには、地獄はちょっとしか説かれていないの

業火が燃え盛り、鬼が罪人を責め苛む「地獄のイメージ」はどこからきたのか？　（『北野天神縁起絵巻〈承久本〉』東京国立博物館蔵、模本）

です。

地獄が説かれるのは、仏教の宗派の中でも**浄土教系**が中心。お釈迦様の時代には、地獄が存在することは認められていたのですが、その具体的な説明はされていませんでした。

浄土教の教えが日本に広まったのは平安時代ですが、そもそも仏教の開祖であるお釈迦様の時代（紀元前五世紀頃）には、浄土教自体が存在していませんでした。

「え？　仏教なのにお釈迦様が説いた内容じゃないの？」

そう思う人が多いのも無理はありません。

でも、今、日本で信仰されている仏教の宗派とその教えの多くは、のちの時代に作られたものなのです（あとから作られたといっても、お釈迦様の思想は生きていますので、ご安心を。詳しくは、のちほどゆっくりご説明します)。

◇私たちは「生まれた以上、死ぬ運命」

お釈迦様の姓はゴータマ、名はシッダールタ。紀元前四六三頃〜前三八三年頃の人物です。

古代北インドのシャカ族の王子なので、日本ではお釈迦様と呼ぶのが一般的です。ブッダ(仏陀)と呼ばれることもありますが、これは「覚者《かくしゃ》」という意味です。

シッダールタは王子なので、もともと何不自由のない安楽な生活をしていました。しかし、あるとき、「生《しょう》・老《ろう》・病《びょう》・死《し》」という人生の苦しみについて悩みを抱くようになりました。

この四つの苦しみは人生の「根本苦」です。

人はみな、生まれ、老いていき、病気になって最後は死ぬ。これらは「**四苦**《しく》」と呼ばれます。

この苦しさは若いときにはわからないものですが、老いていくにつれ、身に染みて感じるものです。特に「老い」は、階段を上ると息切れしたり、足腰が弱くなってきたり、物忘れが多くなったり、人間ドックでC判定が出たりすると、しみじみと自覚します。

そのあとに待ち受けている「死」を連想するのもまた、苦しみにつながります。

お釈迦様の「因果応報」の教えが地獄世界を生む下地となった

お釈迦様は考えました。

人はなぜ死ぬのでしょう。それは生まれたからです。生を「因」とし、死という「果」が生じる。私たちは生まれた以上、死ぬ運命にあるのです。

私たちは、

「人は一分でも長生きすることが正しい」

「長生きできれば儲《もう》けもん」

と思っています。さらに、

「今週は死なないだろうな」

「今月は死なないだろうな」

と根拠もなく思っています。

心のどこかで、「自分はしばらくは死なない」と思い込んでいるのです。

◇「執着」のたどり着く先こそ地獄？

人間にとって死は避けられませんが、死因についてはそう簡単に説明がつかないこともあります。たとえば、もし、身体的な病に苦しみ、自殺した人がいたら、原因は「心」にあるのでしょうか？　それとも「体」にあるのでしょうか？　難しい問題です。

この世のすべてには「原因」と「結果」があり、なんらかを「縁」として「結果」が起きます。このような考え方を、仏教では**「縁起」**と呼びます。

人はこの縁起の道理を知らないため、すべての出来事がバラバラに、無関係に存在しているように感じるのです。

たとえば、若いときは誰でも「自分は永遠に若い」と思っているものです。頭では、いずれ自分も老いていくことはわかっていても、なかなか実感がわきません。「若い今の自分」と「年老いた未来の自分」を切り離して考えているのです。

ところがある時期になると、何かのきっかけで突然に「自分も年を取る」という現実に直面します。「生老病死」の「老」をまざまざと見せつけられるのです。

そこで、いきなり筋トレを始めたり、サプリメントを飲み始めたり、通販のあやしい化粧品を買ってみたり、ネットの嘘くさい育毛剤を注文したりして、若さに「執着」し、ジタバタします。

ところが、それらがうまくいかなければ（たいてい、うまくいきません）、さらなる執着が生じ、「苦」へと突入します。

若さへの執着を縁として「老苦」に、健康への執着を縁として「病苦」に悩んでいるうちはまだいいでしょう。やがて生命への執着を縁として「死苦」が生起《せいき》するのです。

このように、仏教では苦しみの順番をマニュアルとして残しています。

現在では「葬式仏教」などと揶揄《やゆ》されることもありますが、お釈迦様が説いたそもそもの仏教は**「苦しみ」をマニュアル化し、さらにその苦しみへの対処法を教えるもの**だったのです。

この**苦しみの極限が「地獄」**と呼ばれます。

地獄の存在については諸説あり、本当に異次元のようなところに存在するという考え方と、私たちの生活の中にサイクルがあって、その中に地獄状態があるという考え方があります。

どちらにしても、仏教は地獄を回避するための教えなので、念のために学んでおいたほうがよいでしょう。

「無明」――縁起を知らない恐ろしさ

なぜ、人は「四苦」に苦しめられてしまうのでしょうか。

それは**「無知」**だからです。

「私は無知だから苦しんでるっていうの!?」

そんな憤慨《ふんがい》する声も聞こえてきそうですが、ここでいう「無知」とは、**「無明《むみょう》」**のこと。無明とは**「縁起を知らないこと」**を意味します。「縁起」を知らないでいると、煩悩《ぼんのう》の一つである「執着《しゅうじゃく》」が発生し、苦しみが生じるのです。

生まれて、病気になり、死ぬ。人生は苦しみに満ちているので、仏教ではこれを**「一切皆苦《いっさいかいく》」**といいます。

生老病死の四苦だけでも十分に苦しいのですが、さらに、「愛別離苦《あいべつりく》」（愛する者と離別すること）、「怨憎会苦《おんぞうえく》」（怨《うら》み憎んでいる者に会うこと）、「求不得苦《ぐふとくく》」（求める物が得られないこと）、「五蘊盛苦《ごうんじょうく》」（人間の肉体と精神が思うままにならないこと）の苦しみも。これらを合わせて「四苦八苦」となります。

「人生は普通に生きて、楽しければそれでいい」と考える人もいますが、「それが一番難しいんだよ！」という話なのです。

◇どうすれば「地獄に引き寄せられない生活」ができる？

仏教では「苦」だけでなく、「快」についても説明されています。

仏教では「人生は苦である」（一切皆苦）と説かれますが、快楽を追求することもまた、苦痛を追求するのと同じ、とされています。

「いやいや、苦よりは快楽のほうがいいに決まっているでしょう」

そう言いたくなる気持ちはよくわかりますが、快楽に満ちた人生を送るのは、実はけっこう難しいものです。というのは、「快」と「苦」はコインの裏表のように常にセットで味わうものだからです。

快楽には、リスクが含まれています。たとえば、甘い物を食べるのは快楽ですが、食べすぎると太るでしょう。お酒を飲むことも快楽ですが、飲みすぎると病気になってしまうかもしれません。バランスを考えて快楽を選択しなければ、その先に待っているのは苦悩です。


そもそも「甘い物を食べたい」とは、「甘い物を食べなければ苦である」という前提があります。「酒を飲むのが楽しい」とは、酒を飲まなければやっていられないほど苦しい、ということです。

恋愛は、失恋など様々な困難を覚悟のうえでするものでしょう。恋人が浮気をしたとなれば、激しい苦しみに襲われます。休日の寝坊が心地いいのは、平日は早起きをしなければならないからです。

つまり、**「苦」があるからこそ「快」がある**のです。「苦」を回避すると「快」が生まれるのです。

「腹が減る（苦）」─「食べる（快）」
「眠い（苦）」─「寝る（快）」
「ふられる（苦）」─「彼女（彼氏）ができる（快）」

など、ありとあらゆる「苦」を解消するために「快」を生み出すという図式になっています。

ここ、**「地獄」と「仏教」について考えるときの大変重要なポイント**です。

苦と快があるということは、苦が極まった地獄のような状態（あるいは本物の地獄）に、自分が陥《おちい》らない保証はないということです。よって、地獄に堕ちることをできるだけ避けるような生活をすると、まあまあ苦が減るというわけです。

仏教的に考えると、決して快を貪《むさぼ》ってはいけません。快を貪ると、快が逃げていって、地獄がやってくるのです。

地獄は過去の自分が作り出すものです。では、どうしたら地獄に引き寄せられないような生活ができるのでしょうか。

初期の仏教では、快楽も苦悩も生まないように「何も求めない」「何もしないで、できるだけ動かない」という状況を作り出すのが理想とされていました。

ですから、まずは出家して「何もしない」状態に自分を追い込むのが一番、と考えられていたのです。

このように、初期の仏教は執着を捨てて「世捨て人」になることを推奨していたのですが、この教えが時代を経るごとに工夫されパワーアップされて、どんどん「私たちの日常が楽しくなるような仏教」、そして「地獄に堕ちないための仏教」へと向かっていきます。

しかし、それにはどうしても「初期の仏教」から「発展型仏教」への説明が必要になるので、もう少し、初期仏教の話にお付き合いください。

魂は「死んでも消えない」のか

仏教は古代インドの「バラモン教」の死生観の影響を色濃く受けています。

バラモンとは、当時の身分制度で最上位にあたる司祭階級のことです。バラモン教は、バラモンたちの思索や知識を元に生まれた仏教以前の宗教でした。

バラモン教の思想の中心の一つが「魂は死んでも消えず、生まれ変わりを繰り返している」という**「輪廻《りんね》」**です。

この、魂が永遠に生まれ変わり続ける、生死の環状線のような状態から抜け出すことを**解脱《げだつ》**といいます。

善い行ないを積めば、より善い生まれ変わりが叶います。

ですが、どれほど恵まれた境遇に生まれ変わったとしても、生きている以上、生の根本的な苦しみから逃れることはできません。

だから、輪廻そのものから解き放たれ、解脱することによってのみ、真の平安が得られるとされたのです。

「輪廻」「解脱」という言葉は、仏教、そして地獄を理解するうえでも欠かせないキーワードです。

バラモン教で説かれていた生死の環状線のような輪廻から脱出（解脱）するためには、厳しい修行によって宇宙（ブラフマン）と自分自身が合体する体験をして、魂の形を変えなければならないとされました。

サラッと書きましたが、これは実際にやろうとすると、かなり過酷な話です。

古代北インドの小国の王子として誕生したゴータマ・シッダールタも、この解脱を目指して超絶に厳しい修行を重ねていました。

でも、そんなハードな修行の末に、あることに気がついたのです。

それは**「永遠に変化しない実体としての魂などないのだ」**ということでした。

どうしてそんなことが言えるのでしょうか。


そのカギが、前述の「縁起」です。

縁起とは、すべてのことは「因」(直接原因)と「縁」(間接原因)という二つの原因が働いて生じる、という説です。

お釈迦様は修行の末にここに気がついたのでした。

◇「不滅の魂」は存在する？　しない？

あらゆる事象は、二つの事柄の関係のうえに成立します。

たとえば、あなたが椅子に座っているとき、椅子の立場にしてみれば「あなたに座られている」ということになります。また、「椅子に座っている自分がいる」のは、「親が生んでくれたので自分がいる」から、ということにもなります。

「生まれ変わる」とはどういうことか

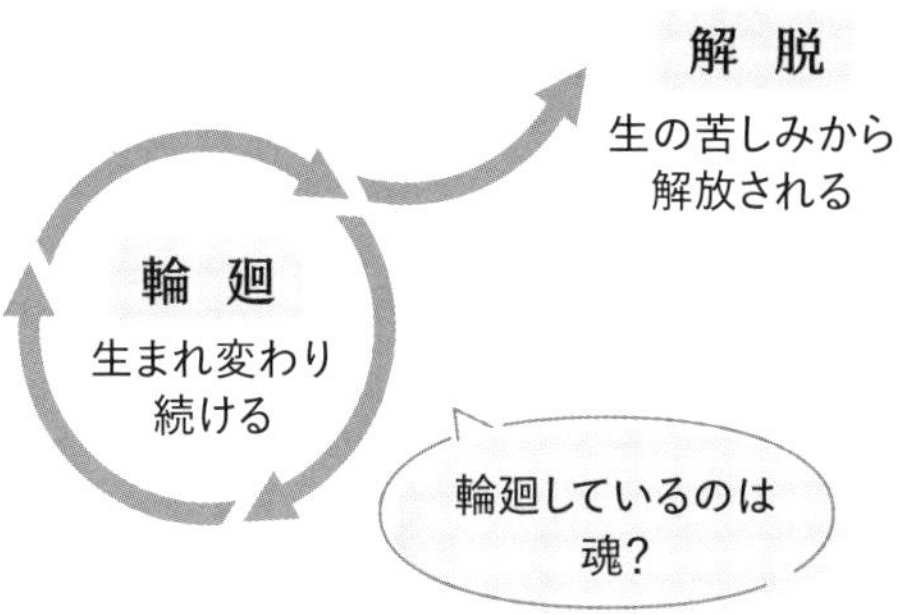

自分が座った椅子が置かれた建物は、誰かが建てたものでしょうし、建物の材料となる木材は、これまた山や森林があるおかげで存在しているのです。

このように、「自分一人でやっている」と思っていることであっても、あらゆる事柄が網の目のようにつながっているわけです。

すべてはつながっていて、お互いがなければお互いは存在することができません。これは、「固定的、不変的なものはない」ということです。そうすると、「永遠に変化しない実体としての魂」（「我」「アートマン」ともいいます）もまた、存在しないということになります。

この「不滅の魂はない」という考えを、仏教では「無我」といいます。いかなる存在も、永遠不変の実体を持たない（**「諸法無我」**）ということです。

◇いったい何が輪廻しているのか？

しかし、ここでちょっと疑問が残ります。

もし、輪廻（生まれ変わり）があるとするならば、「諸法無我」という考え方では、矛盾が生じます。

「不滅の魂（アートマン）がないのなら、いったい、何が転生しているの？」

こんな疑問を抱くのは、もっともです。

これについて、実はお釈迦様自身ははっきりとした言葉は残していません。

この世は「諸法無我」である。

それにもかかわらず、「何か」が輪廻している――。

これは、実はお釈迦様の入滅《にゅうめつ》後に明らかにされていくことなのです。

輪廻(生まれ変わり)の「行き先」

お釈迦様は三十五歳でさとりをひらき、八十歳のときに沙羅双樹《さらそうじゅ》の下で入滅するまで、さとった真理をたくさんの弟子たちに伝えました。有能な弟子や在家信者も増え、お釈迦様の教団はとても大きなものとなっていました。

お釈迦様の入滅後、弟子たちはすぐに仏典の編纂《へんさん》会議を開いて、生前のお釈迦様の教えを思い出しながら、頭の中でまとめていきました。

この時代は、まだお経として文字で書き残すことはなく、記憶することがお釈迦様の教えの記録のすべてでした。

この、教えをまとめる編集会議を「結集《けつじゅう》」と呼びます。お互いにお釈迦様の教えの記憶を確認し合って、まとめていくわけですから、「お釈迦様の教えの総復習」、そして「ポイント集」のようなものが頭の中にでき上がるわけです。

このように、お釈迦様亡きあとの教団は、弟子たちがお釈迦様の教えをまとめ、戒律を作ることにより守られていきました。ただ、そういつまでもうまくいくわけはありません。いつの時代のどの宗教も同じように、仏教でもまた、内部で意見の対立が生じ、教団は分裂していくことになります。

お釈迦様の入滅から百年ほどのちには、仏教教団は戒律を厳格に守ろうとする保守的な「上座部《じょうざぶ》」と進歩的な「大衆部《だいしゅぶ》」の対立によって二つに分裂してしまいます。上座部と大衆部は、その後さらに四百年の年月をかけ、二十もの部派に分かれていきました。上座部と大衆部、それらから派生した部派を総称して**「部派仏教」**と呼びます。

魂はどこを「輪廻」するのか？

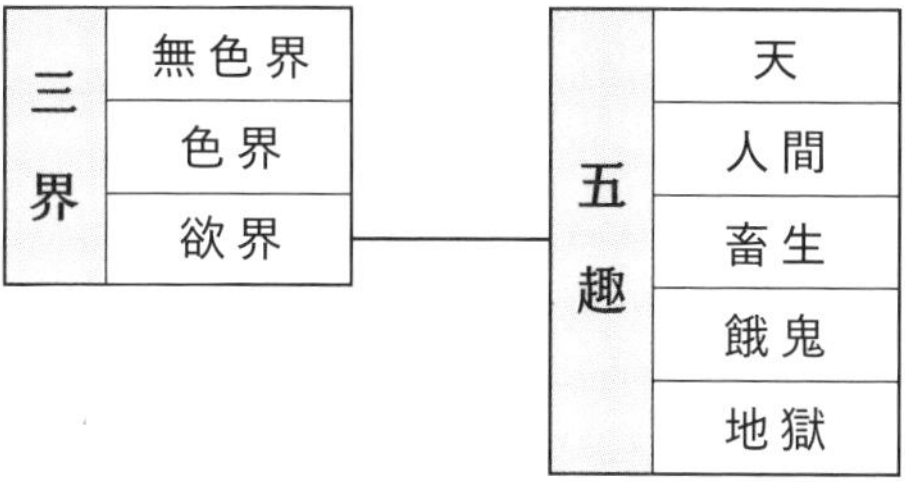

部派仏教時代には、お釈迦様の教えの解釈や注釈などにより、いくつもの学説が生まれました。

お釈迦様の教えを分析的に説明しようとしたこの究明を「アビダルマ」というのですが、その中で、「三界《さんがい》」「五《ご》趣《しゅ》」という概念が説かれました。

実は、これがのちの**「六道輪廻」の思想、つまり「地獄」の話につながっていく**のです。

「三界」とは、「無《む》色界《しきかい》」（物質のない世界）、「色界《しきかい》」（物質の世界）、「欲界《よくかい》」（欲望の世界）の三つの世界のことです。

そして五趣とは**「地獄」「餓鬼《がき》」「畜生《ちくしょう》」「人間」「天」**のことです（のちに**阿《あ》修羅《しゅら》**が

増えて、「六道」になります)。

この「六道」については、のちほど3章と4章で詳述しますが、とにかく部派仏教では、この「三界」を私たちは輪廻転生しているとされました。

では、どうして私たちは三界を輪廻転生しなければならないのでしょうか。それは、**この世界での行ない(業《ごう》)**によるとされます。

◇現在の業(行ない)が未来の境涯を決定する

「業が深い」とか「業つくばり」という表現があります。

この表現だと、「業」とは「悪いこと」の意味で使っているようですが、仏教では、「行為」のことを「業」といいます。いいことでも、悪いことでも、何かの行為をすれば、それは「業」なのです。

過去の行為の結果が現在につながるので、善い行為は善い結果に、悪い行為は悪い結果につながります。最悪の場合、「地獄堕ち」ということです。

よく「因果応報」「自業自得」といいますよね。あれです。

「善因善果」「悪因悪果」という考え方は、日本人にはなじみ深いものといえます。

ただ、この因果応報の考え方は、ネガティブな気分を引き起こすこともあります。

なぜなら、今何か自分に悪いことが起こっている原因は、過去、あるいは過去世の自分が悪い行ないをしたため、ということになるからです。

たとえば、「食べすぎたので体重が増えてしまった」とか、「宅配を頼みすぎたので貯金が減ってしまった」という程度ならまだ納得はいくでしょう。

しかし、会社をクビになってしまったときに、

「それは前世の業によるもの。だから、自業自得だ」

こんなふうに言われたら、相手をぶん殴りたくなりますよね。

「原因があり、結果が生じる」という仏教の理法には確かに一理ありますが、前世も含む「過去の行為」＝業（カルマ）の結果を、今の自分がすべて背負わなければならないというのは、気が重くなるような話です。

この「業で未来が決まっている」という考え方は**「決定論」**の一種とされます。

「今あなたが苦しいのは、前世のカルマの解消なのだ」

なんて言われたら、

「そんな記憶にないことを今さら責められるのは、理不尽だ！」

と感じるかもしれません。だから、カルマ論は、「今さらどうしようもないことを押しつける論だ」と批判されることがあります。


でも、この決定論は、もっと前向きな捉《とら》え方もできます。「未来の自分の境遇は、現在の自分の行為によって決定される」と考えるのです。

過去の業が現在の境涯《きょうがい》を決定してはいますが、同じく、**現在の業は未来の境涯を決定**しますから、今ここから善行を積み重ねていけば、過去の悪いカルマと相殺《そうさい》されて、そのうち輪廻のステージが高くなっていく、ということです。

◇「悪いカルマの蓄積」に要注意

過去のカルマが現世に現われたら、それでカルマはめでたく解消となります。たとえば、前世で泥棒をして、現世で逆に何かを盗まれたとしたら、その時点でカルマは消えます。

カルマの仕組みは、自販機にコインを入れてボタンを押すと、ジュースが出てくるのと似ています。カルマ（コイン）の結果として現われたもの（ジュース）が再びカルマとなって次の結果を生む、ということはないのです。

ただし、ここで要注意。

たとえば、「人から何かを盗んだ」カルマの結果として「人に何かを盗まれた」場合、そこでカルマは解消します。ですが、そのときの**態度は、またカルマとして蓄積**してしまうのです。

何かを盗まれたことに怒り狂い（反応）、机を蹴《け》った（行為）とします。そうした感心しない「反応」や「行為」によって、また新たな「カルマ」を生んでしまうとされるのです。

「嫌なことがあっても、ポジティブに考えよう」とはよくいわれることですが、カルマ論に基づけば「ネガティブな反応をして、ネガティブな行為をしていると、また悪いカルマを作っちゃうよ」ということです。

では、ある行為のリバウンドは、どのくらいの期間を置いて現われるのでしょうか。

それは、決まっていないとされています。

たとえば、悪口を言った瞬間に殴られるのか、悪口を言ったことが巡りめぐって自分の首を絞めることになるのか、それはわかりません。「現世」ではその報いが現われず、「来世」につながることさえある、とされているのです。

以上が、部派仏教で考えられていたことでした。

次章では、いよいよイマジネーションあふれる「地獄」を生み出した「大乗《だいじょう》仏教」について見ていくことにしましょう。

コラム

お釈迦様VSダイバダッタ

お釈迦様の従兄弟《いとこ》であり、弟子でもあるダイバダッタという男がいました。近しい関係であるにもかかわらず、ダイバダッタはお釈迦様の最大の敵、ライバル、裏切り者だといわれます。

ダイバダッタは、なぜ仏教界の「ザ・悪役」になってしまったのでしょうか。

最初のうちはお釈迦様と一緒に素直に修行に励んでいたダイバダッタですが、やがてお釈迦様を抜いて教団のトップに立ちたい、と密かに願うようになります。誰にも慕《した》われるお釈迦様を妬《ねた》んでいたのかもしれません。

そこでダイバダッタは、マガダ国の王子・アジャセに取り入ります。アジャセの後ろ盾《だて》を得てお釈迦様の弟子たちを引き抜き、教団を分裂させて、自分がトップの大教団を作ろうと画策したのです。

しかし、その計画は頓挫《とんざ》し、ダイバダッタは神通力《じんずうりき》まで失ってしまいます。

逆恨《さかうら》みしたダイバダッタは、とうとうお釈迦様の暗殺計画を練り始めました。


ダイバダッタは、アジャセに父であるマガダ国王を殺させ、アジャセはマガダ国の王となります。これは、アジャセを王に据《す》えることでその権力を利用しようというダイバダッタの企《たくら》みでした。

思い通りに事を運んだダイバダッタは、お釈迦様を殺そうと、歩いているお釈迦様めがけて大きな岩を落としました。

しかし、お釈迦様は足の指をちょっと怪我《けが》しただけ。まったく効果はありません。

その後も色々な作戦でお釈迦様を殺そうとしますが、どれもうまくいきませんでした。


とうとう最大の味方だったアジャセも、ダイバダッタを見限り、お釈迦様に帰依《きえ》してしまいました。今さらお釈迦様のもとに戻ることもできません。八方ふさがりです。

ですが、ダイバダッタには最後の作戦がありました。

手の爪に猛毒を仕込み、お釈迦様を引っかいて殺そうというのです。

ダイバダッタは長く伸ばした爪に毒を塗り、お釈迦様のもとを訪れました。これまでの行ないを謝るふりをしてお釈迦様の側《そば》まで行き、隙《すき》を見て襲いかかるつもりです。

神妙な顔つきで訪ねてきたダイバダッタに、弟子たちは、今度はいったい何をしでかすつもりなのだろうか、とざわつきます。

そんな弟子たちを横目に、お釈迦様は悠然と構え、こう告げました。

「怖がることはありません。彼は私の顔を見ることすらできないでしょう」

お釈迦様の言った通りでした。

ダイバダッタがお釈迦様に近づこうとした瞬間、地面に大きな穴が突然開いて、ダイバダッタはその中に吸い込まれていってしまったのです。

ダイバダッタが犯した数々の罪は、仏教で最大の罪とされる「五逆罪」(「母を殺すこと」「父を殺すこと」「阿羅漢《あらかん》〈聖者〉を殺すこと」「仏の体を傷つけて出血させること」「仏教教団を破壊し分裂させること」)に触れるものばかりでした。

そして、その罪のためにダイバダッタは生きながら地獄の最下層「阿鼻《あび》地獄」（148ページ参照）に堕ちたとされています。

2章

「死後の世界」はパラレルワールド

——「地獄」はこうして爆誕した

「大乗仏教」はなぜ地獄という概念を生んだのか

さて、「地獄」のめくるめく世界を探究するためには、「なぜ大乗仏教が生まれたのか」を知らねばなりません。

お釈迦様が説かなかった「地獄」。考えるだけでもぞっとするような恐ろしい世界に、なぜ人々は足を踏み入れたのか……。そのカギを握る大乗仏教について見ていきたいと思います。

紀元一〇〇年頃のインドでは、伝統的で保守的な部派仏教が力を持っていました。

そこに、民衆や説教師が新しいムーブメントを起こします。それが**大乗仏教**です。

大乗仏教の何が画期的だったか

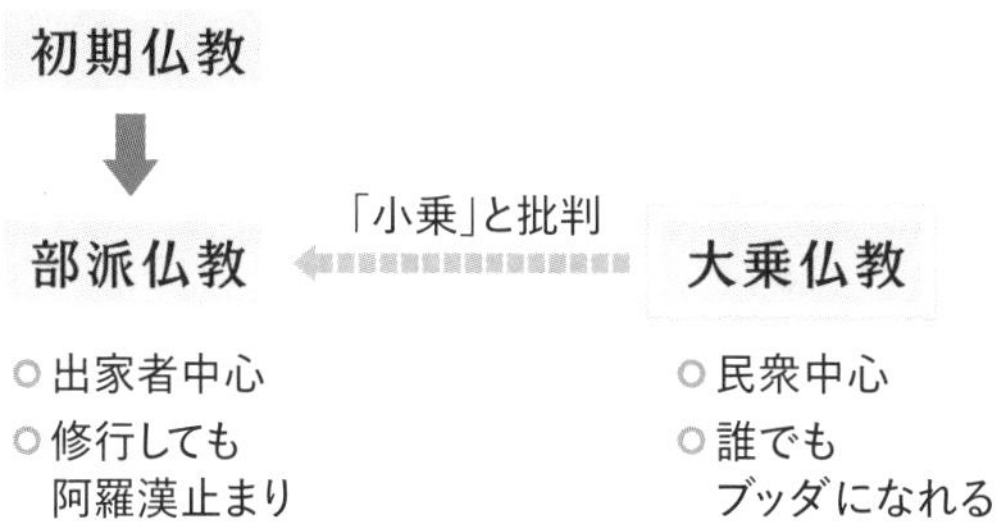

それまでの部派仏教は、国王や富豪らの政治的・経済的な援助を受け、それぞれの寺院は広大な私有地を持っていました。いうなれば、「お金持ちによるお金持ちのための仏教」だったのです。

また、僧院で瞑想などの実践を行なう出家者と、それを支援する在家者は明確に分かれていました。

一方、大乗仏教は、富裕層ではなく、民衆の間で広がっていき、信仰の純粋さを誇りとして、寺や塔の建立《こんりゅう》にお金をかけるよりも、経典を読み、写経をすることのほうが功徳《くどく》があると考えました。

そして何より、**大乗仏教では、修行すれ**

ば誰でもブッダ（覚者）になれるとされました。部派仏教は出家主義だったり、修行しても「阿羅漢《あらかん》」（出家者の中で、人々の尊敬するに値する境地に達した人物のこと）どまりでブッダになれない、とされてきたのです。

大乗仏教の人々は、伝統的な部派仏教の人々が立派な僧院に閉じ籠《こ》もり、瞑想や教理研究を行なっていることを利己的かつ独善的であるとして、「小乗《しょうじょう》」であると批判しました（現在、「小乗仏教」は「上座部仏教」と称されます）。

小乗とは「小さな乗り物」という意味です。慈悲の精神で生きとし生けるもの（衆《しゅ》生《じょう》）すべてを苦しみから救える大きな乗り物（大乗）に乗っているわれわれとは違うのだ、と。

そして自らの解脱を目指すよりも先に、多くの他者を救おうと利他的な行為を実践する自分たちを「**菩薩《ぼさつ》**」と呼びました。菩薩とはサンスクリット語の「ボーディサットヴァ」の音写《おんしゃ》（ある言語の読みを、他の言語の文字で表わすこと）です。

こうして、出家・在家にかかわらず、豊かな人でも貧しい人でも、どんな職業の人でも、**衆生済度《さいど》の誓願（悲願）を立てて行動する人は、みな菩薩**と呼ばれるようになったのです。

◇「まったく新しい仏教哲学」が発展した背景

かといって、普通の人がいきなり「俺は菩薩になる!」とがんばっても、自力ではなかなか難しいものです。

そこで、様々な種類の仏がお手本(信仰の対象)になり、菩薩になるための修行では、その仏たちのサポートが得られるようになりました。

お釈迦様は、超越的な「究極の存在」へと格上げされ、その下に多くの仏が置かれることになったのです。

特に人気があったのは、薬師《やくし》如来《にょらい》や阿弥陀《あみだ》如来などの如来たちです。

修行中の身である菩薩からも、たくさんのヒーローが生まれました。

弥勒《みろく》菩薩、観世音《かんぜおん》菩薩、文殊《もんじゅ》菩薩、普賢《ふげん》菩薩などです。

彼らはさとりをひらいた仏と同等の力を持ちながらも、衆生を救うためにあえて菩

観音菩薩は三十三もの姿に自在に姿を変える。
すべての姿が並ぶ『観音三十三応身図』（東京国立博物館蔵）

薩であり続けているのだ、とされました。

特に、限りない慈悲の心を持つ「大慈大悲の菩薩」である観世音菩薩（観音《かんのん》）は人気があり、救いを求める人々の心に応じて姿を変えて、千手《せんじゅ》観音、十一面《じゅういちめん》観音、如意《にょい》輪《りん》観音、不空羂索《ふくうけんじゃく》観音など様々なバリエーションを生んでいきました。

つまり、厳しい修行ではなく仏の力によって救われるのであれば、出家する必要もないので、在家のまま仏を信仰していればよいことになります。

やがて、部派仏教の伝えているお経（お釈迦様の直接の教え）に書かれていないことでも、論理的に正しければそれは仏説となる、という考え方も生まれてきました。そうなると、**お釈迦様が説いたわけではない新たな仏教哲学が発展**していきます。

旧来の仏教が、歴史的人物としてのお釈迦様の説かれた聖典を保持しているのに対して、革新的で自由な大乗仏教の仏教徒たちは、『般若経《はんにゃきょう》』（その要点を示したともいわれるのが『般若心経《しんぎょう》』）、『華厳経《けごんきょう》』など、まったく新しい経典を次々と創作していきました。

その中の一つに、**地獄とも関係の深い阿弥陀仏とその極楽浄土を描いた『無量寿《むりょうじゅ》経《きょう》』**もあったのです。

「お釈迦様伝説」のぶっ飛んだ解釈

前述した通り、大乗仏教の人々は、どんどん仏教哲学を開発していったため、膨大なお経が創作され、新たな発見、解釈、そして批判が渾然《こんぜん》一体となった壮大な体系やら、スピリチュアル的な要素やら、**「なんでもあり」の世界**になっていくわけです。

時代と地域を超越して、六世紀の半ばに**日本に伝来したときには、仏教は進化に進化を重ねた変異型**になっていました。

そんな自由すぎる大乗仏教ですが、最終的なゴールが「さとりをひらいて輪廻から解脱すること」であるのは、従来の部派仏教と変わりません。ですが、そこは「なんでもあり」の大乗仏教、「さとりをひらく方法」もなかなかぶっ飛んでいました。

◇「誰でもブッダになれる」。だが、どうやって？

初期の仏教では、お釈迦様以外にも「ブッダ（覚者）」のレベルに到達した弟子はいたのですが、教団が確立していくにつれて、お釈迦様だけが「ブッダ」と呼ばれた部派仏教に対し、大乗仏教では、「誰でもブッダになれる」とされました。

しかし、「どうやってブッダになるのか」は難しいところです。何しろ、お釈迦様本人はいないのですから、直接教えを聞くわけにはいきません。

そこで、大乗仏教の人々は、お釈迦様の伝説（仏伝）を参照しました。

お釈迦様がブッダになった過程にはノウハウがあるに違いない。そして、お釈迦様が行動した通りのことをすれば、さとりをひらけるはず――そう考えたのです。

お釈迦様は王子の座を捨てて、苦行を含めた六年間の修行をした最終段階で、快楽と苦行の中間を行く「中道《ちゅうどう》」を見出し、菩提樹《ぼだいじゅ》の下でさとりをひらいたとされています。

ですが、六年間といえば小学校に入学してから卒業までの期間ほど。そんな短期間で「宇宙の究極の真理」がわかってしまうというのも不思議な話です。

そこで、大乗仏教では次のように考えたのです。

お釈迦様はこの世界に輪廻してくる以前から、過去の世界において延々と修行をしてきたのだと。

お釈迦様も人間ですから、輪廻をしていたわけです。

前世のお釈迦様は、スメーダという名の青年で、燃燈《ねんとう》という仏のもとで成仏《じょうぶつ》の誓願を立てました。そして、燃燈仏は、

「スメーダは将来において必ずブッダとなるだろう」

と予言を授けた（授記《じゅき》した）のでした（「燃燈仏授記」）。

そのときからスメーダは、さとりを目指す者である「菩薩」と呼ばれるようになります。この予言通り、輪廻してこの世界に生まれてきたのがお釈迦様です。この世ではブッダとなりましたが、前世では菩薩でした。

この新しい仏伝に忠実に倣《なら》ってブッダになろうとするなら、

①師匠に会う
②「お前はさとる」と太鼓判を押してもらう
③菩薩になる
④輪廻転生し修行してブッダとなる

という手順が必要ということです。
けれど、実行してみようとすると、きっと多くの人が第一段階でつまずくはずです。
「あれ？　師匠はどこにいるの？」と。

仏教世界は「無数のパラレルワールド」！

誰でもブッダになれるのはいいことですが、お釈迦様と同じスタートを切るならば、まずは仏から「お前はさとる！」という未来予言を受けなければなりません。

ということは、せっかく「さあ、さとるぞ！」という気持ち（菩提心）を持っても、「あれ、うちの近所に仏っていないよな。予言を受けるといったって、どうすりゃいいの？」となるに違いありません。

そこで、大乗仏教の人々は、「予言を授けてくれるブッダの代わりになる何か」を追求しました。そして、ブッダの代わりとしてお釈迦様の遺骨を納めた仏塔（ストゥーパ）を信仰し始めたのです。

「お前はさとる！」の未来予言を授けてくれる師匠の代わりに信仰された仏塔（インドの世界遺産、サーンチーの仏塔）

でも、仏塔は「こんなふうに修行したらいいよ！」と指導してはくれません。そこで、人々はなんと「ブッダを蘇《よみがえ》らせる」という壮大なプロジェクトに挑み始めたのでした。

まさに、ブッダ・クローン再生計画……。

◇「超人的な存在」になったブッダ

この「ブッダをどうやって蘇らせたらいいのか問題」のアンサーが「**三身説**《さんじん》」でした。これは、超簡単にいえば「ブッダの本質は三つに分けられる」という考え方です。諸説あり）。

その三つとは、次のようなものです（諸説あり）。

・法身《ほっしん》…宇宙の真理そのもので、仏性という色や形をもたない原理（盧舎那《るしゃな》仏）
・報身《ほうじん》…仏性から派生する働きで、修行して成仏する菩薩（阿弥陀仏）
・応身《おうじん》…現世においてさとって、地球の世界史に登場する仏（釈迦如来）

六年の修行ののちにブッダ（覚者）となったお釈迦様は「報身」、衆生に説法《せっぽう》するお釈迦様は「応身」と解釈する人もいます。

要は、一つの仏エネルギーが、様々な形で現われ出る、ということ。

これは、電気という一つのエネルギーで、ドライヤーで熱風を出したり、パソコンで動画を観たりと、なんでもできちゃうようなものと考えられるかもしれません。

そもそも、お釈迦様は「法」を知ることでブッダとなったのですから、「宇宙究極の真理そのもの」と一体化していることになります。ブッダの本質は「生身《しょうじん》の体」ではなく「法」、つまり「宇宙の法則」そのものだと解釈することができるのです。

ここに、ブッダは「法身」「報身」「応身」という多面的な様相を持った超人的な存在として崇《あが》められることとなりました。

◇「三千大千世界」という壮大な宇宙観の出現

ブッダを三つに分ける三身説を発展させれば「この娑婆《しゃば》世界以外にも、世界は無数に存在しており、そのそれぞれに仏が存在している」という考え方もできます。

こうして大乗仏教は、**「三千大千世界《さんぜんだいせんせかい》」という壮大な宇宙観**を打ち立てました。

これは「須弥山《しゅみせん》」（世界の中心にそびえ立つという高山）を中心にした一世界の千倍を小千世界、その千倍を中千世界、さらにその千倍を大千世界とし、それらすべてを合わせた世界のこと。「仏の教化」が及ぶ範囲とされます。

そう、まさにパラレルワールド仏世界。

この世を超えた世界は無数に存在し、仏もまた無数に存在するので、**死後、そうした国に往生すれば、仏と出逢える**、というわけです。

そして、「お前はさとる！」の予言を授かり、菩薩になればよいのです。

この三千大千世界の中の一つに、いよいよ**阿弥陀仏の極楽浄土世界**が登場します。

そして、その対極の場所として**「地獄界」**もクローズアップされていくのです。

「極楽浄土」と「地獄」は二つでワンセット

「お前はさとる！」の予言を受けるために編み出された、パラレルワールド仏世界。

そして、そのうちの一つである「西方浄土《さいほう》」（ちなみに、浄土とは、仏や菩薩が住む澄み切った世界のこと）。

そこは**「阿弥陀如来の極楽浄土」**で、人間界から「西方十万億の仏土」を隔《へだ》てたところにあるとされます。この地では、身体的にも精神的にも「完全な安らぎ」に到達した状態になれるのです。

極楽浄土に生まれた人は、もう永遠に苦しみを受けることはありません。全身が純金色になり、とてもキレイな姿になります。いつも光を放っていて、お互いを照らし合っています。

神通力を持っているので、世界全体を見通すことができ、なんと、「地獄界」まで見えるそうです。人間界に生きる私たちが「一寸先は闇」の中を生きているのに対し、浄土の人は先が見えますから、なんの不安もありません。

すべてのものは美を極め尽くしており、目に触れるものはすべて清らかです。聞こえるのも解脱した者の声で美しく、いい香りが漂い、何を口にしてもおいしく、気分がいいと、もう何もかも最高です。

宝石がちりばめられた五百億の宮殿や楼閣《ろうかく》が立ち並び、自分のイメージのままにサイズも変わります。宮殿の中では天人《てんにん》が音楽とダンス（伎楽《ぎがく》）で盛り上げて、如来をたたえています。

海水浴もできるし、温泉もあり、黄金の池や、水晶の池などがあり、毎日、ドバイの五つ星ホテルで豪遊するような気分です。それも、帰らなくていいところが最高でしょう。チェックアウトやらフライト時間やら荷物やらを気にしなくていいのです。

美しい動物もいますので、サファリの旅さながらです。

◇「浄土への憧れ」は、こうしてマックスに

どうでしょう。極楽浄土の世界について書いているだけでもウットリしてきましたが、こんな世界に生まれ変わることができたら、どんなにいいことか。

この西方極楽浄土の主である阿弥陀仏に帰依する「浄土思想」は、実は紀元前後に発生したとされています。バラモン教の根本聖典『ヴェーダ』文献にも書かれていて、そこにヒンドゥー教の影響も加わり、インドのクシャン朝（一～三世紀）頃には阿弥陀仏信仰が民衆の間に広まりました。

この頃、『無量寿経』『観《かん》無量寿経』『阿弥陀経』の「浄土三部経」も成立したとされます（日本の歴史と文化は、この「浄土三部経」に大いなる感化を受けています）。

その後、浄土思想は「空《くう》」の思想を説いた龍樹《りゅうじゅ》（一～二世紀の南インドの僧）や、「唯識《ゆいしき》思想」を大成させた世親《せしん》（四～五世紀の北西インドの僧）などによって徐々に体系化されます。

「西方極楽浄土」に生まれ変わると神通力で地獄界まで見通せるという（『浄土曼荼羅図』九州国立博物館蔵）

中国に伝えられると、唐《とう》代には善導《ぜんどう》（七世紀の中国の僧）らが中国浄土教を大成します。ちなみに浄土宗をひらいた日本の法然は、この善導の著した『観経疏《かんぎょうしょ》』に大きな影響を受けています。

日本では平安時代の中頃、市聖《いちのひじり》といわれ、六波羅蜜寺《ろくはらみつじ》を建立した空也《くうや》や、『往生要集』を著し浄土教の理論的基礎を築いた源信を経て、法然の登場によって、民衆の「浄土への憧れ」はマックスになっていったのです。

「末法思想」と地獄について

日本で浄土思想が広まった背景には、「末法思想《まっぽうしそう》」の影響が大きいでしょう。

これは平安時代から鎌倉時代にかけて流行した、ある意味とっても悲観的な宗教観です。

「お釈迦様の入滅後、時の移ろいとともに、お釈迦様の正しい教えが次第に衰滅していく」という「仏教の大予言」がありました。それによると、お釈迦様がいなくなったあとの世は、三つの時代に分けられます。

一つ目が「正法《しょうぼう》」。これはお釈迦様入滅後の五百年、または千年の間で、仏の教えが正しく保たれていたとされる時代です。

二つ目の「像法《ぞうぼう》」は、正法の次の五百年、または千年で、教法は存在するが、真実の修行が行なわれず、信仰が形式化してさとりが得られなくなる時期のことを指します。

この二つの時代を経ると、お釈迦様の教えが廃《すた》れ、修行する人もさとりを得る人もいなくなる、まさにお先真っ暗な「末法」の世に突入すると考えられていました。

平安時代の日本では、一〇五二年（平安時代中期）が末法の第一年目に当たるとされ、貴族たちのメンタリティーにも多大な影響を及ぼしました。関白《かんぱく》・藤原頼通《ふじわらのよりみち》（藤原道長の子）が宇治《うじ》の平等院《びょうどういん》に阿弥陀堂を建立したのも、この翌年にかけてです。

この頃は飢饉《ききん》や日照り、水害や地震、疫病の流行が続いていました。

そうした時代背景と相まって悲観的なムードが高まり、浄土信仰が盛んになっていったのでしょう。

「仏の力におすがりしたい！」

「死後、安楽な世界に生まれ変わりたい！」

という気運が、貴族たちの間でますます高まっていったのです。

◇源信登場！極楽往生のススメ

この末法思想をあと押ししたのは、天台宗・比叡山《ひえいざん》の横川《よかわ》の恵心院《えしんいん》に隠遁《いんとん》していた**源信**（通称・恵心僧都《そうず》。九四二〜一〇一七）が九八五年に書き上げた**『往生要集』**です。

「極楽往生のメソッド」を著して平安貴族の心をわし摑みにした恵心僧都・源信

源信は、早くに出家し、良源《りょうげん》のもとで天台の教学や行法を学んだ優れた僧です。

その手になる『往生要集』は、様々な経典から「極楽往生」に関する文章を集めたもので**「念仏によって往生できるという浄土思想」を説いた画期的なもの**だったのです。そして今でいう大ベストセラーとして、平安貴族たちがこぞって読んだのでした。

源信は、あの『源氏物語』に登場する「横川の僧都」（浮舟を助けたお坊さんですね）のモデルともいわれていますが、それだけ貴族たちのメンタリティーに多大な影響を及ぼしたのです。

名誉や栄達を嫌い、山に籠もって修行と執筆に専念した源信が『往生要集』の執筆を始めたのは、四十歳を迎え、世俗の名利を捨てて横川に隠棲《いんせい》してからです。わずか一年ほどで書かれたこの書物は、阿弥陀信仰の広まりに大きな役割を果たしました。

ちなみに、源信の師匠の良源は、元三大師《がんざんだいし》とか、角《つの》大師と呼ばれます。護符で良源の姿を見たことがある方も多いでしょう。

良源（元三大師）は、
夜叉姿の護符で有名

護符で図示されるときには、上図のように二本の角を持ち、骨と皮だけに痩せた夜叉《やしゃ》の姿や、眉毛が角のようになっている姿で描かれます。とても人間には見えない姿ですが、これは、良源が夜叉の姿に化して疫病神《やくびょうがみ》を追い払ったことを示しているそうです。

『往生要集』は死後の世界のマニュアル書

『往生要集』は、大学の入試問題にもよく出題される有名な一文から始まります。

「それ往生極楽の教行《きょうぎょう》は、濁世末代《じょくせまつだい》の目足《もくそく》なり。道俗貴賤《どうぞくきせん》、誰《たれ》か帰せざる者あらん。ただし顕密《けんみつ》の教法《きょうぼう》は、その文一にあらず。事理《じり》の業因《ごういん》は、その行これ多し。利智精進《りちしょうじん》の人は、いまだ難《かた》しとなさざらんも、予が如き頑魯《がんろ》の者、あに敢《あ》えてせんや。この故《ゆえ》に、念仏の一門に依りて、いささか経論《きょうろん》の要文《ようもん》を集む」

「浄土教は汚れた末法の時代の道標だ。でも、顕教《けんぎょう》や密教は複雑で、勉強している人にはわかるかもしれないが、私のようなバカな者にどうしてそんなものが理解できようか（源信が謙遜して書いているだけで、本人は全部わかってます）。だから、念仏を拠《よ》り所とするこの本を書いたのだ」

『往生要集』は、厭離《おんり》穢土《えど》、欣求《ごんぐ》浄土、念仏の利益《りやく》などで構成されています。

本書のメインは「念仏の正しいあり方を説く」ことでした。だって念仏すれば極楽浄土に生まれ変われるからです。でも、なぜか、サブの「地獄の様子」と「浄土の様子」を描いた部分が有名になってしまったわけです。

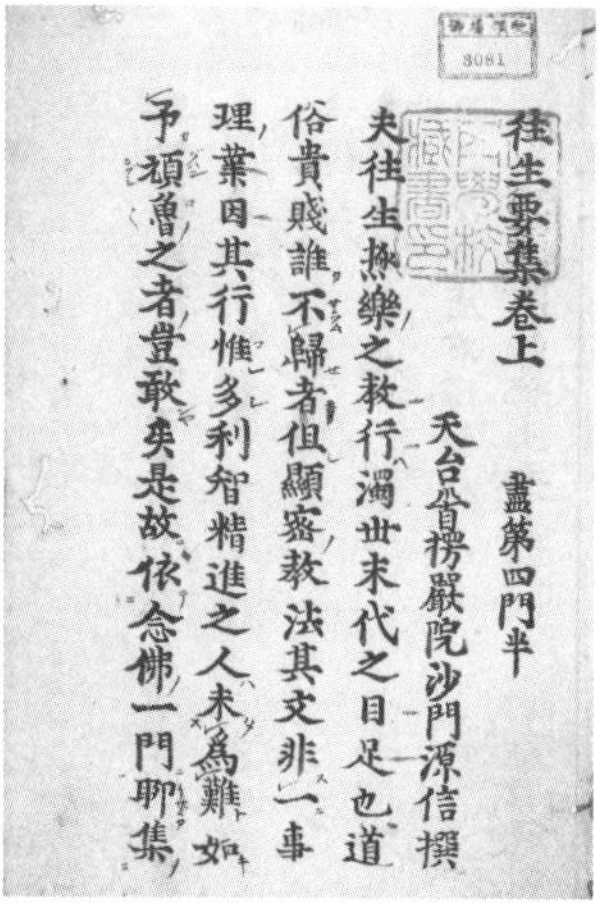
往生要集巻上　盡第四門半
天台首楞嚴院沙門源信撰
夫往生極樂之教行濁世末代之目足也道
俗貴賤誰不歸者但顯密教法其文非一事
理業因其行惟多利智精進之人未爲難如
予頑魯之者豈敢矣是故依念佛一門聊集

地獄堕ちを逃れるマニュアル書、『往生要集』の広く知られた冒頭（佛教大学附属図書館蔵）

源信は、衆生が西方極楽浄土に生まれ変わり、さとりを得られるように、あえてその対極にある地獄の阿鼻叫喚《きょうかん》世界をマックスで表現したのでしょう。

1章で説明した通り「苦」（地

獄）を避けると「快」（極楽浄土）が得られるというわけです。

とにかく源信は、『正法念処経《しょうぼうねんじょきょう》』『倶舎論《くしゃろん》』『大智度論《だいちどろん》』『摩訶止観《まかしかん》』『浄土論』など、たくさんの経典や資料を引用しながら、この平安時代最大級の著書を書き上げたのです。

◇「六道輪廻」とは何か

『往生要集』に描かれた地獄世界の詳しい描写については次章で見ていきますが、その前に復習しておきたいのが、**「六道輪廻」**の思想です。

部派仏教のところでも述べた通り、仏教は古代インドのバラモン教の死生観の影響を受け、人間は「生まれ変わり」（輪廻）を繰り返しており、前世の「業」によって次に生まれ変わる先が決まるとされています。

そして、この「輪廻転生」のループから抜け出す（仏になる）には、その都度の「生」を善く生きることが大切であり、生き方の善し悪しによって、生まれ変わるランクが決まる、とされました。そのランクこそが以下の「六道」なのです。

1 **天道**……美と平和に満ちた楽園で暮らせる世界
2 **人道**…人間が暮らす世界
3 **阿修羅道**…永遠に戦いに明け暮れる世界
4 **畜生道**…ただ食べ、繁殖するだけの世界
5 **餓鬼道**…飢えが際限なく襲ってくる世界
6 **地獄道**…想像を絶する苦しみを味わう世界

「天道」は、善行をたくさん積んだ人だけが生まれ変われる世界です。そう聞けば「よさそう」と思えるかもしれませんが、そこはまだ「六道」なので、輪廻転生の世界から抜け出せません。三島由紀夫の小説（『豊饒《ほうじょう》の海』第四巻）のタイトルにもとられている「天人《てんにん》の五衰《ごすい》」（「転生」のサインとして表われる衰えの兆候。頭の上の花飾りがしぼんだり、腋《わき》の下から汗が滲《にじ》み出たりする）にも悩まされるわけです。

そして、私たちの多くが転生する**「人道」**は、苦しみや不浄、無常観に満ちた世界。

日々しみじみと体感し、実感している通り、「生老病死」や「四苦八苦」から逃れられないわけです。

その他、生前に怒りまくり、狭量な心で人を傷つけていた人は「**阿修羅道**」に、愚痴ばかりで努力せず、怠惰を極めていた人は「**畜生道**」に、強欲で自己中な生き方をしていた人は「**餓鬼道**」に転生するとされています。

そして、六道の最低ランクにある「**地獄道**」。ここは重罪を犯した人が堕とされる場所です。地獄では、その犯した罪のタイプや重さに応じて、熔《と》けた銅を口や肛門に注がれる、鍋で煮られる、刀で切り裂かれる……など、驚くべきバリエーションの刑罰が与えられます。

その様子は、源信が冴えわたる筆致で紹介してくれているわけですが、次章で詳しく見ていくことにしましょう。

ちなみに、死者が「六道」のうちのどこの世界に転生するかを決めるのは、冥土《めいど》の王たち（十王《じゅうおう》）。死後「四十九日」の間に、七日おき、計七回の裁判によって決定されます。

「浄玻璃の鏡」の前で閻魔王の裁きを受ける亡者。すべての悪行が明るみに出る「恐怖の審判」（河鍋暁斎『地獄極楽図』東京国立博物館蔵）

そして、その三十五日目の裁判に登場するのが、最高裁判官である**閻魔王**です。「浄玻璃《じょうはり》の鏡」の前に立たされるや自身の生前の悪行がまざまざと映し出され、厳しい尋問、責め苦を受けるといいます。

閻魔王の尋問、想像しただけで怖い……。死後、オソロシイ思いをしなくてすむよう、邪欲に惑わされず、とにかく日々善行を積んでおきたいものです。

いずれにせよ、**「人は死んだら、どこへ行くのか」という誰もが持つ疑問への仏教的アンサーが「六道輪廻」**ということなのでしょう。

コラム

「空の思想」の何が画期的だったのか

大乗仏教の教えを伝える大乗経典では、新たな思想が次々に生まれましたが、その中心となる新しい思想が**「空」**の思想でした。

「空」の思想を哲学的に確立したのは、**龍樹**（ナーガールジュナ、一五〇頃〜二五〇年頃）という仏教学者です。

龍樹は南インドのバラモンの家に生まれ、『ヴェーダ』聖典などのバラモン教学を学んで育ちます。天才と称され、学問の世界では有名人でした。

彼には三人の頭のいい友人がいて、あるとき、とんでもないことを企みました。

「もう学問は究めたから、今度は快楽を極めよう！」というのです。

彼らは、なんと透明人間になる術《すべ》を体得して、夜な夜な王宮に忍び込み、宮廷の美女たちに次々と手を出していったのです。困った王臣たちは、門に砂を撒《ま》いて衛兵に見張らせることにしました。すると透明人間でも足跡まではごまかせず、砂の上にできる足跡を見て、衛兵は刀を振り回します。友人三人は刀が当たり、斬殺されてしまいました。が、龍樹は運よく逃げ切ることができました。

この事件から、龍樹は、欲情が苦しみと不幸の原因だったことをさとり、逃走後に出家します。このあと、たったの九十日で小乗仏典（部派仏教の経典）をマスターし、さらに、ヒマラヤの老人出家僧から大乗経典を授かり、知識を深めました。そして、インドの隅々まで旅をして、様々な知識人と討論し、彼らを論破したといいます。龍樹はこのように、とにかく大天才としてきらめく伝説に彩られた人物なのです。

大乗仏教の「核心」部分

龍樹はインド最大の仏教学者であり「中観派《ちゅうがん》の祖」と呼ばれ、『中論《ちゅうろん》』『大智度論』などを著しました。中国と日本の宗派はすべて龍樹の思想の影響を受けているので、「八宗の祖」とも呼ばれます。そんな偉大すぎる龍樹が著書『中論』において確立したのが**「空の思想」**なのです。

この「空」の思想は、それ以前の仏教と比較して、どのように新しかったのでしょうか。

お釈迦様の入滅後、教団は約二十の部派に分裂し、その教説（法＝ダルマ）が理論化されていきました。この仏教哲学では、**「諸行無常」の世界の中でも、「法（ダルマ）」は変わらず存在する**と考えられていました。

人間の心理も含めて、あらゆる世界は多数の要素がつながり合ってできています。そのため、私たちのこの世界は「無常」ではあるものの、これを成り立たしめている法（ダルマ）は自己同一を保っています。

つまり、世界は諸行無常ではあるけれども、「諸行無常という法則」は不変のものとして存在しているわけです。

ところが、「空」の思想によれば、「法」は固定されている、という考え方も捨てなければなりません。「空」とは「何もない」ということではなく、「世界は存在するが、私たちが言語や概念で思っている通りには存在しない」ということ。

たとえば、目の前にマグカップがあるとします。たいていの人は、マグカップの色や形は、実在している「マグカップそのもの」の変わることのない性質だと考えます。

しかし、お釈迦様はそうではなく、実在しているのは、自分の目や手が感じた色や手触りであって、マグカップはそうした要素を自らの心で構築した架空の集合体、つまり仮想的な存在だと考えたのです。確かなものや一定のものはない、ということです。

そして、このあらゆるものは一定ではないという「空」の理論は、大乗仏教の核となっているのです。

現代の私たちは、コンピューター・ゲームで「仮想現実」の考え方に慣れています。けれども、お釈迦様の時代にこの仮想現実という概念を瞑想で直観的に理解するというのは、やはり凡人では不可能だったといえるでしょう。

この世界そのものが仮想的な存在だということは、「地獄」という仮想現実が存在するのは十分にあり得ることです。むしろ、私たちが認識している「この世界」があることこそが、浄土や地獄といった「別世界」があることの証明にもなるのです。

コラム

「アーラヤ識」をきれいにすれば地獄に堕ちない？

仏教には**「唯識思想」**というものがあります。

これは、わかりやすくいうと**「仏教心理学」**のようなもの。

唯識思想の唯識とは「ただ識のみ」、つまり、「私たちが外の世界と感じているものは、実は真の世界ではなく、『認識された結果』である」ということです。

私たちは、世界がありのまま外部に実在していると思っており、人間が存在しようがしまいが、外界には変化なしと考えています。

しかし、唯識説によれば、「外界のあらゆるものは心の所産であるから、本当は心なくしては何も存在していない」というのです。

唯識説によると、心は大きく分けて**「六識《ろくしき》」「マナ識」「アーラヤ識」**という三つの領域からなります。

六識は原始仏教でいう、認識の六つの働き「眼《げん》・耳《に》・鼻《び》・舌《ぜつ》・身《しん》・意《い》」の感覚器官を中心とした表層的な意識のことです。

マナ識とは、世界に現われてくる出来事に対して、様々な欲望的な判断をともなう意識のこと。

アーラヤ識とは、人間存在の根底をなす意識の流れのことです。

唯識説では、宇宙全体のデータが書き込まれている巨大な貯蔵庫が存在していて、ここに蓄積された情報が、私たちの小さな意識を通じて現実世界を作り上げていると考えられています。私たち一人ひとりは小さな映画館のようなもの。宇宙のデータ貯蔵庫から情報をもらって、自分の世界をそれぞれが投影しているのです。

この巨大な宇宙データ貯蔵庫が、アーラヤ識です。

アーラヤ識からの情報が私たちの眼・耳・鼻・舌・身などを通ると、あたかも目の前にその物体があるように感じられます。ですが、その物体は本当は存在していません。これは「空」の思想（74ページ）にも通じる考え方です。

輪廻にも、アーラヤ識は大きく関わってきます。

人生の中で、六識やマナ識で認知した業（カルマ）はアーラヤ識へと蓄積されます。そして、善い行為を行なったのなら良好な現象として、悪い行為を行なったならば不幸な現象となって返ってくるのです。

アーラヤ識に刻み込まれたことはなんであれ、現実の私たちの世界に現われます。そう考えると、日々の軽はずみな行動を反省しなければならなくなるでしょう。

「アーラヤ識のデータ」を初期化する方法――六波羅蜜

唯識説では、以上のような世界の構造を踏まえて、**アーラヤ識のデータを初期化して、さとりを得る**ことを目指します。

その方法が、大乗仏教の**「六波羅蜜《ろくはらみつ》」**です。

六波羅蜜とは、菩薩が修行する項目であり、「布施《ふせ》」「持戒《じかい》」「忍辱《にんにく》」「精進《しょうじん》」「禅定《ぜんじょう》」「智慧《ちえ》」の六つです。

これを、私たちの生活に取り入れることができるように、現代風に説明してみましょう。

「布施」は、金銭に限らず他人へ何かを与えることと解釈したらよいでしょう。やさしい言葉や表情、電車やバスで席を譲ることなど、簡単なことで十分です。場合によっては、すれ違う人に「この人が、幸せになりますように」と心の中で念じるだけでもいいようです。こうして他人へ布施することにより、アーラヤ識のデータを無害な方向に書き換えることができるのです。

「持戒」は、戒律を守るという意味です。これは、現代の私たちにはハードルが高いことです。肉食をするなといわれても焼き肉を食べてしまいます。殺生《せっしょう》をするなと諭《さと》されてもハエやゴキブリは……。そこで、「持戒」については、日常の決まりをできるだけ守る、という程度でよいでしょう。

「忍辱」とは、他人に侮辱されても耐え忍ぶことです。ＳＮＳで誹謗中傷《ひぼうちゅうしょう》されても気にしないこと。会社で、「あいつは無能だ」「ダメなやつだ」などと言われても受け流すこと。腹を立てたら、そのデータがアーラヤ識に直行してしまいます。

逆に、誹謗中傷したり、嫌がらせをしたり、怒鳴りまくったりしている人を見たら、その人の行く末を心配してあげなければなりません。自分からマイナスデータをアーラヤ識にぶち込んでいるわけですから……。

なんとか、一菩薩として唯識思想を伝えてあげたいところですが、「この世はバーチャル空間で、あなたの意識が現象化しているんです」なんて言ったら、たちまち変人扱いされてしまうでしょう。難しいところです。

その他、**「精進」「智慧」**も重要ですが、なんといっても忙しい現代人に欠かせないのは**「禅定」**でしょう。禅定とは「瞑想」のこと。瞑想でアーラヤ識をきれいにすれば、望ましくない未来を寄せつけない体質へと、だんだん変わっていくのです。

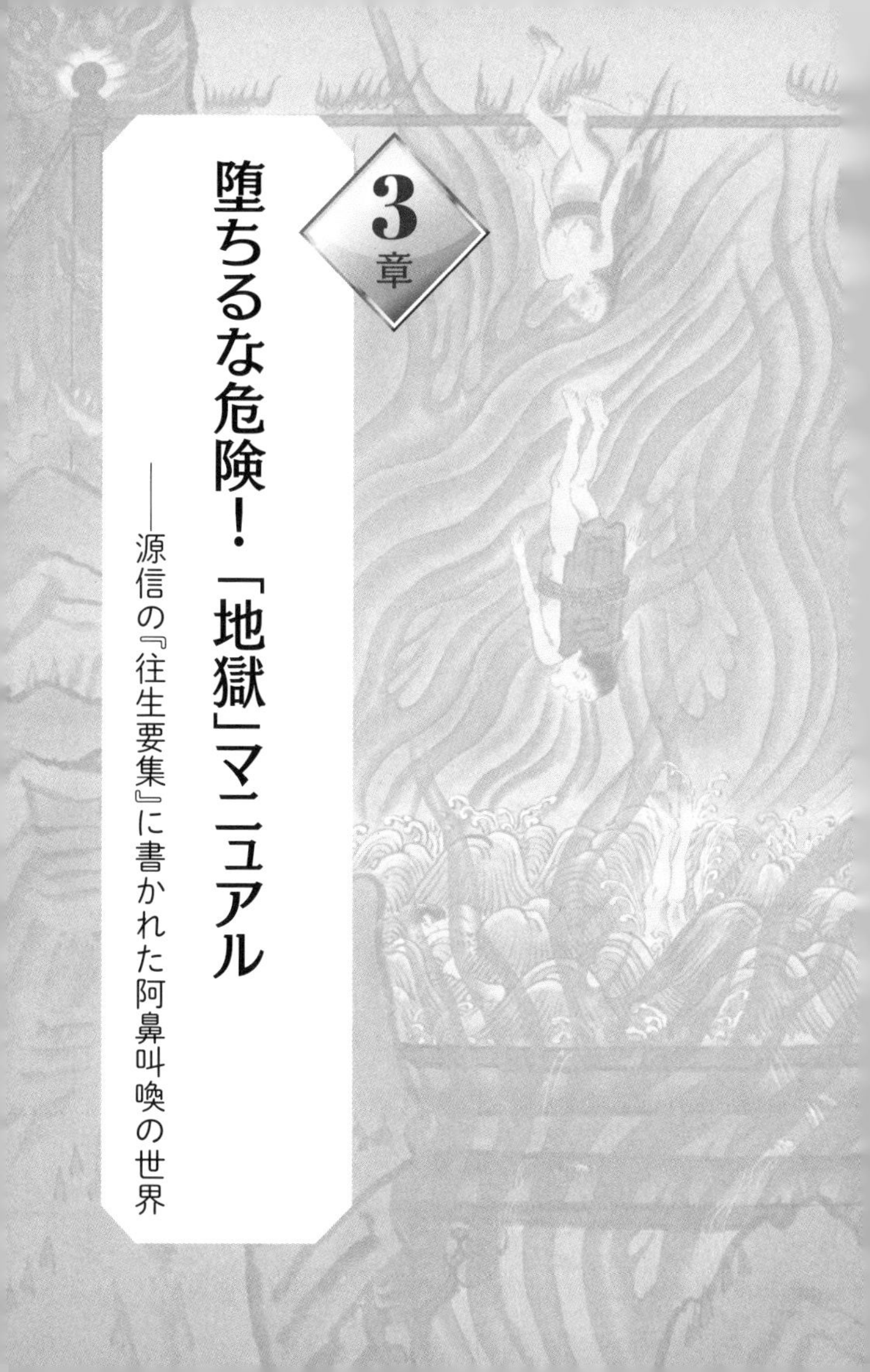

3章

堕ちるな危険！「地獄」マニュアル

——源信の『往生要集』に書かれた阿鼻叫喚の世界

ようこそ！　戦慄と驚愕の地獄ワールドへ

「六道輪廻」の最低ランクである「地獄」。

『往生要集』には、その様子が克明に描かれています。

しかし、この書を読んでみると、**現代に生きる私たちは、ほとんど「地獄行き決定！」**という感じです。

「小さな虫も殺したことがない」

「嘘をついたことがない」

「みだらな行為をしたことがない」

「お酒を飲んだことはない」

など、こうしたことをすべてクリアしている人は、地獄行きを免れるとされているのですが、「まず、いないのでは？」と思われます。

ぷーんと飛んできた蚊が自分の腕にとまったところを、バチッと叩くのもダメなわけですから。

つまり、私たちのほぼすべてが地獄へ堕ちる可能性が高いのです。ということは、『往生要集』を恐怖におののきつつ熟読して、予習をしておいたほうがいいでしょう。

さて、その地獄ですが、大きく八層に分かれています。

地下世界の上層から順にあげていきます。

①**等活《とうかつ》地獄**（罪状：殺生）
②**黒縄《こくじょう》地獄**（罪状：殺生・盗み）
③**衆合《しゅごう》地獄**（罪状：殺生・盗み・邪淫）
④**叫喚地獄**（罪状：殺生・盗み・邪淫・飲酒）
⑤**大叫喚地獄**（罪状：殺生・盗み・邪淫・飲酒・妄語）
⑥**焦熱《しょうねつ》地獄**（罪状：殺生・盗み・邪淫・飲酒・妄語・邪見）

⑦**大焦熱地獄**（罪状：殺生・盗み・邪淫・飲酒・妄語・邪見・尼《あま》を犯す）

⑧**阿鼻（無間《むけん》）地獄**（罪状：殺生・盗み・邪淫・飲酒・妄語・邪見・尼を犯す・父母の殺生・仏を傷つけるなどの罪）

いかがでしょうか。生前の罪状が深いほど、下層の地獄へ堕ちていくわけです。

次から、その戦慄《せんりつ》と驚愕の地獄ワールドを見にいくことにしましょう。

①等活地獄

罪人たちが鉄の爪で互いの肉と骨を削り合う！

「等活地獄」は、人の住む世界の地下、一千由旬《ゆじゅん》のところにあります。一由旬が七・二キロメートルなので、一千由旬は七千二百キロメートルになります。日本からフィジー諸島までが七千三百十一キロメートルなので、等活地獄はフィジーへと横にＧｏＴｏトラベルするのではなく、縦にＧｏＴｏトラベルで潜《もぐ》ったあたりにあるというわけです。さらに縦横の長さは一万由旬と書かれています。一万由旬とは、七万二千キロメートルです。

午前○時にだけアクセス可能な「地獄通信」に憎い相手の名前を書き込むと、黒髪の美少女・閻魔あいが現われ恨みを晴らしてくれる——。こんな設定の人気ホラーアニメ『地獄少女』。

その第十三話「煉獄《れんごく》少女」の回では、地獄流しにされるおじいちゃんが閻魔あいに、地獄で友人に会えるだろうか、という質問をしたのに対し、彼女が、

「地獄もけっこう広いから……」

と答える名シーンがあります。「会えないでしょう」という意味だと思われます。

地獄少女ほど地獄に詳しい人はいないので、当然、彼女は地獄が一万由旬（七万二千キロメートル）四方であることは知っていたのでしょう。


さて、この地獄に蠢《うごめ》く罪人は、互いに相手の虚《きょ》をうかがい合い、常に敵愾心《てきがいしん》の炎を燃やしています。よって、以下のようなことをいつも考えていると等活地獄に堕ちるので注意が必要です。


「この上司は、俺の手柄を横取りしようとしているのではないか？」

「うちの旦那は、浮気をしているのかもしれない。スマホ覗《のぞ》いちゃお」

「あの政治家、選挙戦を控えて、人気取りのために政策を打ち出しているのかも」
「さっきのお医者さんが薬を処方してくれたのって、単に儲けるためなんじゃない？」

当時の価値観と現代の価値観は違うので、こういったネガティブな考えを持つと、地獄に堕ちる可能性もあります。何が起こるかわかりませんから、念のために自分の心を律しておいたほうがよいでしょう。

ここが「一番マシな地獄」の「等活地獄」

等活地獄では、たまたま人と会うと、たとえば「猟師が鹿という好餌《こうじ》を目の前にしたときのように」（『往生要集』）、お互いを傷つけます。

なんと、鉄のような非情の爪で挑みかかり、相手を引き裂くのです。アイアンクロー同士の戦いです。鉄の爪のイメージがわかない方は、映画やアニメでイメージするといいでしょう。

たとえば、映画『エルム街の悪夢』のフレディ、映画『ウルヴァリン』（X－メンシリーズ）のウルヴァリン、映画『燃えよドラゴン』のラスボス、『北斗の拳』のKING軍が用いる「鉄の爪蟷螂拳《とうろうけん》」など。

あるいは「オーシャンクロー」（ドラクエシリーズ）、「激《げき》」（ストリートファイターシリーズ）、「濃姫《のうひめ》」（戦国無双シリーズ）、「バルログ」（ストリートファイターシリーズ）など、アニメ、ゲームなどで定番となった「鉤爪《かぎづめ》」です（え？　一つも知らない？　地獄に堕ちないためにも、こういった方面にも興味を持ちましょう）。

このアイアンクローを、それぞれの地獄の罪人が所持しているわけです。

地獄の罪人たちは猜疑《さいぎ》心《しん》が強すぎるうえに、自分が肉や骨を皮膚ごと削られるのではないかと恐れているわけですから、想像を絶する非情なバトルとなるわけです。

「血をすり合って、肉を喰らい、最後は理科室にある骸骨《がいこつ》のようになってしまう」

(『往生要集』)

鉄の爪で削った血をすすり、肉を食って、残ったものは理科室のスケルトンだけという状態。究極の地獄グルメ！　胃もないのに食ったものはどこに行ったんだという疑問はさておいて、地獄の恐ろしさを堪能《たんのう》しましょう。

これだけで、「もうネガティブな考え方を持って生きると、ろくなことがないよ」と諭す浄土教的な効果は千パーセントなので、教訓として知っておきたいだけなら、地獄の説明はこれで終わりにしていいと思います。

しかし、これはまだまだ序の口。地獄世界の一センチも進んでいません。

繰り返しますが、これが一番浅くてラクな地獄なのです。

この段階で人生を悔い改め反省した人は、もう十分！

この先を読むのを思い留まることをお勧めします。

◇獄卒登場！　罪人の全身を鉄の棒で殴りまくり！

アイアンクローの戦いは、ほんの余興のようなもの。

たとえれば、「キャ！　猫ちゃんの爪でひっかかれたー」ほどのレベル。覚悟して次に進んでください。

鉄の爪バトルのあとは、**地獄の獄卒**が、登場します。

獄卒とは、地獄で亡者を責め苛《さいな》む鬼のことです。

いってみれば、獄卒は「地獄の公務員」のようなもの。地道に仕事をしている立派な鬼なのです。給与明細や賞与などは、不明です。何を食っているのか、睡眠はどうしているのか、新陳代謝など科学的なことは謎に包まれています。好きな食べ物も趣味もわかりません。

ただ、『往生要集』によると、ちょくちょく「偈《げ》」（漢詩のようなもの）を詠むので、知性は高いようです。

また、地獄には鬼が多く棲《す》んでいますが、すべての鬼が獄卒なわけではありません。

地獄の門番、牛頭（左）と馬頭（右）。
恐ろしいけれど、どこかユーモラスな姿

その鬼がなんなのかは諸説あります。

　また、獄卒はいわゆる「ヒト型」だけではなく、「動物型」もいます。

　地獄も時代とともに進化すると考えられますので、「人型人造人間エヴァンゲリオン」獄卒が出てきても不思議ではありません。

　動物型としては、地獄の門の門番である**「牛頭《ごず》」と「馬頭《めず》」**（牛頭は牛、馬頭は馬）などがそれです。ドンキで買える被《かぶ》り物のような感じです（ユーチューバーがよく使う、あれです）。

　地獄に堕ちた人が、「おお、今日のメニューはすき焼きと馬刺しだ」なんて鉄の爪で削りにかかってもムリ。能力レベルは天と地ほどの差があるので、瞬殺されます。無謀なことはやめましょう。

私たちの日常生活での注意点として、獄卒がやることを、絶対に真似してはいけません。一発で刑務所行きで、確実に死刑になります。彼らは地獄で特別にこの任務を与えられているから許されるのです。

よって、獄卒が何をやっても、「この獄卒はなんで地獄に堕ちないんだ？」なんて疑問を持ってはいけません。というか、地獄で働いているのだから、すでに地獄にいるのですが。

たまに、地獄に堕ちた罪人が、獄卒に向かって「あなたはなんて無慈悲なんだ」みたいな文句を言うシーンがあるのですが、それはお門《かど》違いでしょう。筋トレのトレーナーに、「あなたは、なんで私に腹筋をさせるのか」と文句を言っているようなものだからです。

さて、これらの重要な（？）基礎知識を学んだところで、次の地獄の責め苦をたどっていきましょう。

「地獄の刑期」を人間世界の時間に換算すると?

地獄のお勤めにも一応、終わりはあります。つまり、永遠ではありません。

ただし、その刑期は人間世界の時間で約一兆六千六百五十三億年です。

縄文時代が始まったのが一万六千～一万四千年前ですから、まあ、約一兆六千六百五十三億年なんて、永遠と同じこと(ちなみに、ビッグバンで宇宙が始まったのが百三十八億年前)。

地獄では、罪人は死んでも死にません。なぜなら、もう死んだあとの話だから。

地獄で死ぬと、すぐに息を吹き返してまた殺されます。この世では、拷問《ごうもん》はあまり長時間続けると感覚が麻痺《まひ》してしまうので、休み休みやることになっています。

でも、地獄では慣れというものもないので、苦痛の連続です。これが約一兆六千六百五十三億年も続くのです。

で、約一兆六千六百五十三億年間というのは、今、お話ししている等活地獄という一番ラクな地獄でのことですから、まだまだ先は長いのです。この長さに比べれば、たかが数日続くだけの頭痛、腹痛、腰痛など、大したことがないような気がしてきます。

罪人が地獄の責め苦にあって死亡すると、空中から「汝《なんじ》ら、もとのごとくに生き返れ」という声がします。

このとき、獄卒が二股に分かれた鉄の棒で地面を連打します。音叉《おんさ》みたいな形だから、めっちゃうるさいんだと思います。獄卒もあんまり連打すると手がしびれてしまうから注意が必要でしょう。

獄卒は、「活々（生き返れ、生き返れ）」と叫び、その叫び声で息を吹き返した罪人は、切り刻まれて悶絶。で、また「活々」の声で等しく生き返る——これは、等活地獄の名前の由来にもなっています。

「このような苦しみをつぶさに述べる気力を、今私は持たない」（『往生要集』）

著者の源信も、詳しく説明する元気がないそうです。

殺生の罪を犯した者は、等活地獄に堕ちるのですが、一回でも焼き肉を食ったらアウト。でも、地獄に行くのはポイント制なので、これから善行を行なえば大丈夫です（地獄に堕ちない対処法は5章をお読みください）。

◇極熱の屎がどぶどろの「屎泥処」

さて、八大地獄には東西南北の四方にそれぞれ門があって、門の外には**八大地獄のそれぞれに付随した小地獄が十六のブロック**に分かれて存在しています。このブロックを、**「別処《べっしょ》」**と呼びます。

この地獄に堕とされる人の罪がまた「人間が考え得《う》る限りの悪いこと」のオンパレードで、それに対する罰も「よく考えつくな！」というバリエーションに富んでいます。「悪いこと」は当時の価値観を反映していて、現代からすると「それ、どうなの？」と感じられるものもあり、とにかく興味深いのです。

たとえば第一ブロックは**「屎泥処《しでいしょ》」**です。ここは、「極熱の屎《くそ》がどぶどろを呈《てい》している」のです。つまり「熱湯風呂」ならぬ「熱湯おしっこ&うんこ」ということになるでしょう（熱湯にする意味ある？）。

『往生要集』によると「味はあくまでも苦い」と、著者の源信が自ら味見したみたいに語っています。

もうこのへんで十分な罰だと思われますが、さらに、このうんこまみれの中で、「金剛石《こんごうせき》（ダイヤモンド）のように硬い嘴《くちばし》の虫どもが、その中に充満し騒いでいる」そうです。

なんと、罪人はこの極熱の屎を貪り食わなければなりません。すると、罪人に虫がどっと集まってきて喰らいつき、罪人の皮膚を破って肉をバリバリ食い始めます。その嘴は鋭く硬いから、骨を砕いて髄を吸うのです。

「成人用おむつ」と「虫コナーズ」的な対処では、守り切れないでしょう。

ここに振り分けられる人は、「その昔、鹿を殺し鳥を殺《あや》めた者」なので、今後はスポーツ狩猟を控えることを検討したほうがよいかもしれません。地獄は、現代の動物保護を描写しているといえるでしょう。

動物の殺生でうんこまみれ地獄ですから、殺人だったらもっと地獄のレベルアップ

極熱の「屎泥」に浸かる罪人たち
(『地獄草紙』奈良国立博物館蔵〈国宝〉)

が予想されます。ゴキブリを殺しそうになったら、うんこ地獄を思い浮かべるとよいでしょう(味も思い出してね)。

こんなブロックが十六もあるのかとウキウキ、いや、辟易《へきえき》してしまいますが、『往生要集』では、第七ブロックまで説明されています。

『往生要集』に紹介された地獄についての描写は、『正法念処経』(四、五世紀頃に成立。三界五趣にわたる業の因果を詳説する経典。地獄・餓鬼・畜生の世界を詳述)を資料としているのですが、その『正法念処経』には他の九つの別所については記されていないそうです。

刀が雨のように降り注ぐ「刀輪処」

さて、別処の第二ブロックは「刀輪処《とうりんしょ》」です。ここは、鉄壁に囲まれていて、火炎がすべてを焼き尽くします。

どれくらい熱いかというと、地獄の火の熱さは、人間世界の火の熱さが雪のように冷たく感じられるほどらしい。

きっと、熔接バーナーで焼かれる以上の熱さでしょう。

「ちょっと触った炎にさえ、体は小さな種のように粉々にすり潰される。高熱で真っ赤になった鉄の雨のどしゃ降りにさらされる。これに比べれば、私たちの世界の火は雪のようなもので、熱がないのと同じだ」（『往生要集』）

さらに、この場所には、刀の林があります。刀が雨のように降ってくるときもあります。刀でスライスされるなんて、精神的にも肉体的にも耐えられません。

この地獄は、空き巣泥棒をした人が堕ちるところです。ドアをピッキングしたり、開いている窓から忍び込んだりした代償が、ハムのようにスライスされる永遠の苦しみなのです。

これだったら、現世での空き巣の懲役《ちょうえき》何年なんて、比較できないほど楽かもしれません。泥棒をして得られる利益と、地獄での苦しみを天秤《てんびん》にかければ、泥棒は割に合わないことがわかるわけです。

とりあえず、「空き巣でもしようかなぁ」と心によろしくない考えが浮かんだら、スーパーの「ハム・スライスパック三つセット」を思い浮かべましょう。

豆のように煎られる「瓮熟処」、苦しみが多すぎて書き切れない「多苦処」

別処の第三ブロックは、**「瓮熟処《おうじゅくしょ》」**です。

罪人は鉄の瓮《かめ》に入れられ、「豆のようにじっくりと煎《い》り上げられる」とされます。『往生要集』によると、生き物を殺し、煮て食べた者の堕ちる地獄だそうです。

これでは、冬定番の鍋料理を食べるのが心配になってしまいます。濃厚トンコツ鍋、キムチチゲ鍋、さっぱり魚介スープ鍋など、思わずよだれが出てしまうような鍋は、生き物を煮ていることになりますので、これを堪能する人々は地獄では自分が具材になって煮られてしまうわけです。

一気に食欲がなくなりそうです。

別処の第四ブロックは「多苦処《たくしょ》」です。

「ここには何万億種かの、数え切れぬ苦しみがある。そのいちいちについては説き切れない」(『往生要集』)

源信によりますと、苦しみがたくさんありすぎて数え切れないとされ、具体的なことは書かれていません。ここに堕ちる者は、「縄で人を縛ったり、杖《つえ》で人を打擲《ちょうちゃく》したりした者」だそうで、近所ではあまり見ることのない光景です。

または人を「遠国《おんごく》の地に追放」した場合は、この地獄に堕ちます。

現代のシーンに当てはめると、DVやいじめをすれば、多苦処地獄行き決定です。

また、部下を理不尽に左遷《させん》して地方へ転勤させた場合も「遠国の地に追放」と同義ですから、多苦処で苦しむことになるのです。

「嶮岨《けんそ》な崖上から突き落とすなどの惨忍な行ないをあえてなした者」もアウトですが、これは地獄に行っても仕方がない人ですね。

人を「煙責め」にした人も多苦処行きだそうですが、普通は「煙責め」なんて思いつくこともないでしょうから、余計な知識を増やすのは、よくないかもしれません。

また、「みだりに子供の恐怖心を駆りたてるの挙」に出ても「多苦処」に堕ちます。

人を縄で縛らない。棒で叩かない。追放しない。高いところから突き落とさない。煙責めをしない。子供をやたらと怖がらせない、と、なんだかまとまりがないような感じがしますが、よく駅のポスターにある「暴力は犯罪です」とか「人を殴っちゃいけないんだよ」というレベルの話なので、ほとんどの人はこの地獄に堕ちる心配はないでしょう。

「むやみな殺生」を繰り返していると……
「闇冥処」「不喜処」「極苦処」

別処の第五ブロックは**「闇冥処《あんみょうしょ》」**です。

この地獄では、罪人は闇黒《あんこく》の中にいます。これだけでも恐ろしいのですが、さらに暗闇の中で常に火に焼かれます。

また、激しい風で吹き飛ばされて、金剛石の山に叩きつけられます。そのまま猛烈な風が吹き続けますので、風圧と山のサンドイッチ状態となります。体はすり潰されて粉微塵《こなみじん》となります。熱風で全身を削られていくという苦しみが延々と続きます。

生前に何をすると、この地獄に堕ちるのでしょうか。

『往生要集』によると、その昔、「羊の口や鼻を塞《ふさ》いで窒息させた人」、また、「亀を二つの瓦《かわら》の間にはさんで圧殺した者」です。

現代人にとっては、どちらも難易度が高く、こんなことをやっている暇はないので、「闇冥処」はなんとか避けられそうです。

第六ブロックは、**「不喜処《ふきしょ》」**です。

ここは四六時中、大きな火炎が上に向かってそびえ立っています。さらに嘴から熱い炎を吐く鳥が棲んでいます。

犬と狐《きつね》の遠吠えがBGMとなって不気味さを盛り上げます。そうかと思うと、突如として金剛石のように硬い嘴を持った虫が群がり、骨の中を出たり入ったりし、さらに骨髄を食い荒らすのです。

ここに堕ちる人は、生前「ほら貝を吹き、鼓《こ》を打って、恐ろしげな音で鳥や獣を殺めた者」です。今はそんな人はなかなかいませんが、動物虐待をするとこの地獄に堕ちて、虫に骨髄を喰らい尽くされるので注意が必要でしょう。

第七ブロックは**「極苦処《ごくくしょ》」**です。ここでは、罪人は鉄火に焼かれ続けます。これは、欲望のままに好き放題して、生あるものを殺した者が堕ちるところです。やはり、むやみな殺生をすると、ろくなことはありません。

②黒縄地獄

焼けた鉄の墨縄でマーキングされて切り刻まれる

「黒縄地獄」は、「等活地獄」の下にあります。

その広さは、等活地獄と同じくらいの広さです。ここでの獄卒は罪人を捕まえると、灼熱の鉄の地面に臥《ふ》せさせます。夏の海の砂浜で「アチアチ!」と足をジタバタさせた経験のある人は多いと思いますが、ここでは、地面が鉄板なのです。砂浜の比ではありません。

獄卒は、焼けた鉄の墨縄《すみなわ》で体の縦横に墨のマーキングをします。ひもにインクを塗っておいて、ペタッと紙に接触させれば、ラインが引けます。それと同じようにして、獄卒は罪人の体にラインを引くのです。

これは昔の大工さんが使っていた方法なので、まっすぐのラインを引くのはなかなか難しいでしょう。手が震えると墨が滲んでしまうので、獄卒はかなりの研修を受けてから職員となると考えられます。

獄卒は、墨縄で罪人の体にラインを入れたら、真っ赤に焼けた鉄の斧《おの》で、墨のラインに沿って肉を断裁していきます。


獄卒もワンパターンを嫌うらしく、ときには鉄斧から鋸《のこぎり》へとアップグレードし、また、刀へとダウングレードするなどして、様々な道具を使いつつ、罪人の肉を裂きます。獄卒は肉を幾百幾千に切り刻み、あちこちに撒き散らすので、サイコロステーキのようになってしまうのです。

そんなにバラバラにしてしまうのなら、最初の墨のラインはいらなかったんじゃないの？　と思ってしまいますが、そもそもこの地獄の名称が「黒縄地獄」で縄をテーマにしていますから、縄への強いこだわりが感じられます。

なんといっても、「熱い鉄の縄を無数に交錯させ、罪人をその中に追い込む」（『往生要集』）という縄の使い方が秀逸です。

まさに映画『バイオハザード』の、格子レーザービームが襲ってくるシーンを彷彿《ほうふつ》とさせます。


「強い風が激しく吹いて、縄は体に迫ってきて絡まる。たちまちに肉は焼けて爛《ただ》れ、骨も焼けこげて苦しむ」（『往生要集』）

◇まだまだ続く縄シリーズ

黒縄地獄には、左右に大きな鉄の山があります。

鉄の山の頂上にはそれぞれ鉄の幡《はた》が立てられていて、その尖端《せんたん》には鉄の縄が張られています。その下には煮えたぎる釜が、所狭しとギッチリ設置されています。罪人は、この鉄の縄の上を歩いて、サーカスのように綱渡りをしなければなりません。まさに、『賭博黙示録《とばくもくしろく》カイジ』の「電流鉄骨渡り」を想像させる恐ろしさです。

さらに、「罪人を駆《か》りて、鉄の山を負《お》はしめ」とあるので、罪人は鉄の山に張られ

鉄の縄から一歩でも足を踏み外せば、煮えたぎる釜に真っ逆さま！
（『春日権現験記』模本）

た鉄の綱の上を、鉄の塊《かたまり》を背負って渡るようです。これでは、バランスを崩すのは間違いありません。

先がなんとなく予測できそうですが、「歩をあやまればたちまちに、はるか下の鉄の釜へと落下し、骨は砕け肉は煮られる」とありますので、罪人は、やっぱり用意されている釜に落ちる設定になっています。

黒縄地獄では、等活地獄とそのオマケの十六ブロック（別処）で受ける業苦の十倍の重い苦痛を受けるとされます。悪いことはできないものです。

ここで、獄卒は罪人を怒鳴りつけ、説教をします。

「自分の心が自分にかたきを討《う》ってくるのだ。自分が自分に仕返しをするということが最も悪なのである。この自分への怨念《おんねん》が、お前を閻魔王のもとへ送らせるのだ。お前は孤独に地獄で焼かれ、悪事は自分へ戻ってきて、最後まで食い尽くされる。妻子や親戚も、お前を救うことはできないのだ」(『往生要集』)。

これこそ仏教思想の基本となる考え方です。なぜなら本来の仏教では、阿弥陀様が無条件に救ってくれるわけではありません。自分の業によって、自分のあり方が決定します。これは「因果応報」とも関係があるので、これらの仏教教理については、後述します。

ここでは、アニメ『地獄少女』の閻魔あいにひと言でまとめてもらいましょう。

「あとは、あなたが決めることよ」

黒縄でグルグル巻きにされ嶮崖から突き落とされる！

次は、「等喚受苦《とうかんじゅく》処《しょ》」という特別の地獄が登場します。ここでは、罪人は目の眩《くら》むような高い嶮崖《けんがい》の上に押し上げられます。高所恐怖症でなくても、これだけで悲鳴を上げてしまいそうです。

しかし、黒縄地獄ですから、ここで縄が使われないわけがありません。この高いところから足を縄で縛ってバンジージャンプ、という展開を期待してしまいますが、ここはシンプルに黒縄で縛られます。ただこの黒縄は、ガソリンをぶっかけて火をつけたかのように灼熱の炎を上げている墨縄なのです。

この黒縄でグルグル巻きに縛られて、崖の下に突き落とされます。崖の下には、槍《やり》の穂先が生《い》け花《ばな》で使用する剣山《けんざん》のように林立しています。それもまた、焼け爛れた状態になっているのです。

罪人は燃える黒縄で縛られたまま、真っ逆さまに崖から墜落し、ぎっしりと並んだ槍の林に落下して串刺し状態になります。

すると、地獄の犬が襲ってきて、罪人に喰らいつきます。この犬は、口から炎を噴き上げ鉄の牙を剥《む》き出しにしていますので、ゲームキャラのケルベロスのような感じでしょう。罪人は槍で串カツ状態になって動けないところを、地獄犬にガブガブと喰らいつかれるので、罪人の体は裂けて飛び散ります。

「大声をあげて叫んでも、誰も救助はしてくれない」（『**往生要集**』）

どうしても槍と犬の印象が強く残ってしまうので、せっかく黒縄を使うなら、もう少し設定を生かしてほしかったところですが……。

ところで、この地獄に堕ちる人は、どのような悪事を働いたのでしょうか。

それは、生前に仏法の名を騙《かた》って、インチキの教えを広めた人です。仏教をダシにして詐欺《さぎ》行為をすると、そうとうヤバいことになるようです。

また、「人としての営みに不誠実」で、「自ら崖上から投身の挙に出た者」も、この地獄へ堕ちるとされます。

崖から飛び降り自殺をすると、死後、槍の林で串刺し状態となり、犬に食われるのです。自殺を考えている人は、今とどっちがキツいか天秤にかけて、思い留まったほうがいいかもしれません。

◇恐怖の「人間狩り地獄」

さらに、「畏鷲処《いじゆうしよ》」と呼ぶ特別の地獄があります（あんまり特別が多いので、地獄においては、何が普通で、何が特別なのかがわからなくなってきました）。

ここでは、獄卒が罪人を杖でメッタ打ちにしたと思いきや、二十四時間、眠ることもなく（地獄では眠る暇もない）、罪人を追い回し、燃える鉄の刀で迫り、矢で狙ってきます。

いわゆる「人間狩り」の地獄。もはや黒縄が出てくる暇もないほどの忙しさです。

ここは、生前に物欲に目が眩《くら》み、人を殺めたり縛ったり、食べ物を奪い取ったりした者が堕ちるところです。

さて、地獄の第二ステージ「黒縄地獄」のガイドは終わりました。

けれども、地獄は八段階。まだまだ序の口です。

このあとに、さらなる驚愕の地獄世界が展開されるのです。

③衆合地獄

鉄の山に挟まれ、岩石で圧殺され……

地下三階には、**「衆合地獄」**があります。縦横の広さは、地下一階の「等活地獄」、地下二階の「黒縄地獄」と同じです。

ここでも鉄の山が相対してそびえ立っています。この地獄には、牛や馬の頭を持つ異形《いぎょう》の「牛頭」「馬頭」の獄卒がいます。彼らは、手に拷問の責具《せめぐ》を握りしめ、罪人を鉄の山に追い込んでいきます。

すると、現実にはあり得ない超常現象が発生します。

なんと、鉄の山が両方からスライドしてきて、罪人を挟み込んでいくのです。罪人は右往左往しますが、山はあっという間に両方から迫ってきて、罪人は挟み込まれま

牛頭や馬頭に追われ鉄山でスクラップにされたり、
巨石や杵で体を粉砕されたり……過酷すぎる責め苦
(『春日権現験記』模本)

す。自動車をスクラップにするプレス機がありますが、あのイメージに近いかもしれません。罪人の体は挟撃《きょうげき》され、押し潰されて激しく砕け散ります。

「血が流れて、地面は真っ赤。また、鉄の山が空から崩れ落ちてきて、罪人は、砂の塊のように粉々に砕け散る」(『往生要集』)

ときには、罪人を石の上に置き、岩石でこれを圧殺することもあります。

これがアップグレードした場合は、罪人は、鉄の臼《うす》に入れられ、鉄の杵《きね》でこねられます。体は粉砕されますが、粉砕されても地獄では死にませんので、体の破片を地獄の様々な住人に食べられてしまいます。

ここで、破片を食べにくるのは、鬼、そして熱鉄でできた獅子《しし》や虎、狼《おおかみ》などです。

「いろいろな猛獣や、カラスやワシなど黒い翼を持つ鳥たちが一番乗りしようと争いながら、喰い散らかすのだ」（『往生要集』）

炎を上げる鉄の嘴のワシは、罪人の内臓を食いちぎると、それをくわえて素早く飛び上がります。ゲットした内臓は木の上に引っ掛けて保存しておきます。

罪人は生きたまま胃やら腸やらを食われてしまいますが、もちろん麻酔などありませんから激痛に苦しむことでしょう。まさに麻酔なしのオペ地獄。

ワシは「私、失敗しないので」と言うかどうかは知りませんが、何度もオペを繰り返すのです。

衆合地獄には、大河が流れていて、河の中に鉄の鉤があります。河なのになぜか火が噴き上がっている状態です。

実は、河には水が流れているのではなく、超高温の銅がどろどろに熔けて流れているのです。

獄卒は罪人をこの河に放り投げます。

◇地獄で美女が現われたら気をつけよう

衆合地獄には、刀身のように鋭く尖った葉が繁る木の林が登場します。ジャングルのようにうっそうと繁る樹木の葉っぱがすべて刀なのです。

地獄では、同時代の現実界に存在した物質がそのまま反映されます。地獄はその人の罪の記憶を投影しているわけですから、現代の地獄はもっと進化していることでしょう。

もしかすると、今の地獄は葉も刀ではなく、何か別の超近代的な凶器に変わっているかもしれません。

ところで、その木の頂上には、地獄にふさわしくない、とんでもない美人がいます。ファッションも最高で、どんな男も一発でメロメロ。罪人はその美女を見つけるや、われを忘れて、すぐさまその木によじ登ろうとします。

ところが、木の葉は研ぎ澄まされた刀ですから、罪人の肉はザクザクと削がれていきます。

全身を膾《なます》のごとく切り裂かれながらも、罪人は木のてっぺんまで登り切ります。

ある意味、根性のある罪人です。

ところが、木の上に美女はいません。下を見ると、彼女はいつの間にやら地上にいて、罪人を妖艶《ようえん》なしぐさで誘います。

「あなたのことだけ考えて、私はここに降りてきたのに。あなたはなぜ私の側に来てくれないの？　なぜ、抱いてくれないの？」（『往生要集』）

罪人はこれを見て、またまたその気になり、再び木を伝って下り始めます。けれども、実は葉っぱは包丁が上を向いているように生えているのです。だから、登るときよりもさらに、ざっくりと体が切り刻まれます。

こうして罪人は、通常だったら救急病棟へ運ばれるような傷を全身に負いつつ、やっとこさ地上に降り立ちます。

女はというと、なんとまた樹上に戻っています。

罪人は樹上の女を見る、木に登る、全身グサグサ、トップにたどり着く、女は地上へ、木を下りる、全身もっとグサグサ、樹上の女を見る、木に登る……というループにはまります。

全身を刀で切り裂かれようとも、
美女の誘惑には抗えない
（『矢田地蔵縁起』奈良国立博物館蔵）

その時間は、「百千億年」です。普通は三分くらいで諦《あきら》めると思うのですが、なにしろ地獄は、自分の心の投影です。

「自分の妄想に操られて、自分の心にだまされて、この地獄の中で果てしのないループにはまり、このような体になるのは、すべて邪欲の念が原因なのだ」

（『往生要集』）

この地獄に堕ちる人は、どのような人なのでしょうか。

『往生要集』によると、生き物を殺し、盗みを働き、邪淫に耽《ふけ》った者の堕ちゆくところだそうです。

◇ここで、獄卒の教えが入るところがオシャレ

さて、「仏の功徳を褒《ほ》めたたえる詩」のことを「偈」といいます。獄卒は罪人を諭すために偈を詠むのです。そういう意味では、もしかすると獄卒は、仏様の化身なのかもしれません。

他人《ひと》の作れる悪ゆえに
汝苦報を受くるにあらず
自業自得の果《か》なり

衆生みなかくのごとし

「他人の作れる悪ゆえに　汝苦報を受くるにあらず　自業自得の果なり」

『往生要集　全現代語訳』（講談社学術文庫）より

「他人の作れる悪ゆえに　汝苦報を受くるにあらず　自業自得の果なり」とは、「他人があなたの苦しみを作っているのではない、自分が自分で苦のもとを作っているのである」という意味です。

初期の仏教では、極端に表現すれば、「すべては自分が原因である」という考え方をしました。

その人の持つ業（カルマ）が現象として現われるので、よいことも悪いことも全部「自分の過去の行ないの現われ」なのだとされました。

よって、出家してできるだけ「何もしない」のが一番、という立場を取ります。何もしなければ、業が発生しないからです。

このように、仏教はもともと厳しい宗教です。キリスト教などですと宗派によって違いはありますが、人間が罪を犯しても、神様が全部チャラにしてくれることになっています。

しかし、仏教では自分が作った業は、自分で刈り取らなければなりません。「自分を救えるのは自分だけだ」というのが、本来の考え方です。

ところが、それだとあまりに荷が重すぎるので、時代が下るにつれて「阿弥陀様に帰依すれば救ってもらえる」という、かなりハードルの下がった仏教へと変容していきました。

それについては、5章で見ていくことにしましょう。

残酷すぎる「悪見処」、男色に耽った者の「多苦悩処」

「衆合地獄」でもまた、十六の特別な地獄（別処）があります。その一つは、**「悪見処《あくけんじょ》」**と呼ばれます。

【このあと、グロ表現注意！】

「獄卒は、ある者は鉄の杖で、ある者は鉄のニードルで、その子供の陰部を刺す。あるいは鉄の鉤を陰部に打ちつける。自分の子が苦しみの中でのたうつ姿を見ては、どんな罪人も、子への愛と悲しみで悶絶する」（『往生要集』）

なんだこれは！　子供がかわいそうじゃないか、児童虐待だ！　と驚いてしまいますが、そういう意味ではありません。

これは**極悪の罪人が見ている仮想現実**なのです。**罪人の心の投影**といってもいいでしょう（３Ｄゲーム空間のようなもの）。

著者の源信によると、この地獄に堕ちるのは、他人の子供を捕らえ、邪《よこしま》なる性行為を迫り、泣き叫ばせるような振る舞いに出た者です。そういった悪事を働いた者は、自分の子供の幻影によって、その反省を促されるのです。

もちろん亡者となった罪人にとっては、リアルな世界なので、その精神的苦しみはたとえようがないことでしょう。

ところが、さらに「十六倍」の苦しみがあります。それは、罪人が、心の苦しみも受けながら、肉体の苦しみも同時並行で受けるからです。

その肉体の苦しみとは、今まで崖から落とされたり、山に挟まれたり、綱渡りをさせられたり、臼でミンチにされたりといろいろでしたが、この地獄の責め苦は、一段アップグレードしています。

子供を殺めた罪人は、逆さに吊《つる》されます。そして、どろどろに熔けた熱い銅を、獄卒によって肛門に注ぎ込まれるのです。これはかなり集中力を要する仕事です。詰め替え用シャンプーをボトルに注ぎ込むよりも難しいのは確かでしょう。

銅は、融解温度の一〇八四・五度で液状になります。ちなみに、金は一〇六四・四三度、銀は九六一・九三度で液状になります。きっと、金銀はもったいないから使わないのでしょう。金銀を肛門から流し込むって、絵的にも豪華すぎて地獄っぽくなくなるので、やっぱり銅が一番なのです。

すでに奈良時代には、奈良の大仏などを銅を熔かして作っていますので、『往生要集』が書かれた平安時代の地獄にも、銅を熔かす技術はあるわけです。

この液状になった煮えたぎる銅は体内を貫流し、内臓を焼き尽くします。高熱の銅はだんだんと下に下がってきて、最終的には口からだらだら滴《したた》り落ちるのです。

このように、自分の子供の苦しみと自身の肉体の苦しみが、何十万年の長きにわたって続きます。

また、**「多苦悩処《たくのうしょ》」**と呼ぶ特別の地獄があります。これは**男色《なんしょく》**に耽った邪な男の堕ちるところです。

現代では、性同一性障害についての科学的知見は進み、政治哲学的にも同性愛が悪ではないことは広く理解されています。もしかすると今は、閻魔様が地獄の規定を変更しているかもしれません。

しかし、**『往生要集』**に書かれた地獄では、平安時代の価値観が投影されています。当時の考え方では、男色の人は、地獄で男を見ると、体中が炎を含むがごとく熱くなりムラムラしてしまうのです。そして、地獄の男を抱けば、体の器官のすべては、ことごとくばらばらに崩れ落ちてしまいます。例によって、地獄のルールで一回死んでもまた息を吹き返します。

あとは、崖から落ち、嘴から炎を噴くカラス、口から炎を吐く狐が群がってきて食べられてしまいます。

さて、さらに地獄の特別コーナーです。

これは、**「忍苦処《にんくしょ》」**と呼ばれるスポットです。まず、獄卒が罪人を高い木の上から吊し上げます。その下から、火を焚いてゆっくりと焼いていきます。いい具合に焼き上がった頃、罪人はいっぺん死んで、また生き返ります。そこで「助けてくれー！」と口を開いたとたん、炎が口から入ってきて、内臓を焼き尽くします。あとは、お約束の無限ループです。

この特別コーナーは、女子を誘拐《ゆうかい》して辱《はずかし》めた者が堕ちるところです。

「女子に捕まって辱められた男はどうなるんだ！」というツッコミを入れても、獄卒は相手にしてくれないようです。

④叫喚地獄

「酒の飲みすぎ」で鉛を飲まされる⁉

「衆合地獄」もかなりのインパクトがありましたが、さらに地下四階の**「叫喚地獄」**へと潜っていきましょう。

深く潜るにつれ、獄卒のキャラがだんだんと強くなっていきます。アニメやゲームでも、ステージを進むごとに敵は手強《てごわ》く、個性的になっていきますよね。それと同じです。

今度の獄卒は、頭が金です。いよいよゴールド会員のレベルが登場しました。眼球から火を発し、真っ赤な着物を着ています。手足はとてつもなく長くて大きいので、モンスターとしてのキャラ立ちは十分です。

毎秒百メートルくらい（「疾《と》く走ること風のごとし」とある）で走り出し、奇妙な声を発しながら（「ウヒョー！」とか？）、矢で罪人を追い立てます。

罪人は恐怖の中で、ひたすら土下座。


「どうか憐《あわ》れみの心で、待ってください。許してください」と、獄卒に頼み込むのです。そんな懇願が、ゴールド頭で奇声を発して矢を射かけてくるアブナイやつに通じるはずがありません。

獄卒は余計に怒りを募《つの》らせ、鉄の棒で罪人の頭を殴りまくって、罪人は頭蓋骨破砕。さらに、焼けた鉄板の上を走らされるという罰ゲーム。地獄では、余計なことを言うと、かえって痛い目にあうので静かにしていましょう。


この地獄では、場合によっては、中華鍋に入れられて、腹や背中を青椒肉絲《チンジャオロースー》のように炒められます。また、沸騰した釜に放り込まれて、ラーメンスープの仕込みのように煮られてしまうのです。

さらに、熔鉱炉のような鉄の室《むろ》の中に閉じ込められ、挙げ句の果てに、またも超高熱の液体化した銅の登場。ペンチで口をこじ開けられて、どろどろの銅を口の中に流し込まれます。内臓は溶け落ちて、最後は肛門から銅が流れ出します。

地獄の罪人も悲惨ですが、こんなことを書いている源信が、気持ち悪くなって吐き散らかしていないかどうかが一番心配です。

ここで罪人は、閻魔王の部下である獄卒に対して、偈を詠みます（内臓どろどろなのに余裕ですね）。

汝はなんぞ悲心《ひしん》なき
またなんぞ寂静《じやくじよう》ならざる
我はこれ悲心の器ぞ
なにゆえに悲《あわれみ》のなき

と。

要するに、

「あんたはなんて慈悲心のないやつだ。仏教では涅槃寂静《ねはんじやくじよう》というが、その寂静の心もないのか、あんたは。オレは、少しは憐れみをかけてもらってもいい人間だぞ。ここまでやられるやつじゃない。なんで、少し考えてくれないの？　頭おかしいんじゃねえの？」

と言っているわけです。

すると獄卒は、罪人の言葉を受けて言うのです。

汝は愛欲の羂《わな》に誑《たばか》られ
悪・不善の業《わざ》をば作《な》せり
いま悪業の報いをば受く
なにゆえぞ我を瞋《いか》り恨むや
汝はもと悪業を作し
欲痴《よくち》のために誑《たぶら》かさる
かの時になんぞ悔いざる
いまに悔ゆとも何かはせん

『往生要集 全現代語訳』（講談社学術文庫）より

長いので、映画『地獄少女』より、閻魔あいにひと言で説明してもらいましょう。

「後悔しても、無駄……」

この地獄も、ほぼ永遠に続きます。

ずいぶん恐ろしい地獄ですが、いったい、どのような人が堕ちるのでしょうか。

「生あるものを殺し、盗みをなし、邪淫に耽り、酒に溺れた者の堕ちゆくところである」(『往生要集』)とあります。

さらに、この地獄にもまた付属の十六の特別ゾーンが設置されています。

「火末虫《かまつちゆう》」と呼ばれる地獄には、四百四種類の病気があります。とにかく、ありとあらゆる病気にあふれている地獄なのです。

そのうちのある病気は、一昼夜のうちに全世界に広がって猛威をふるい、多くの者を死に至らしめるとあります。体から虫が這《は》い出し、皮膚といわず肉といわず、骨や髄を食い破りすすります。

この地獄に堕ちる罪人は、「酒を水で薄めて儲けた人」という、かなりせまい条件がついています。飲み屋の店主限定のようですが、要するに、自分の仕事を手抜きして、粗悪品を売りつけたらこの地獄に堕ちるのでしょう。「酒を薄めて売る」というのは大した罪ではないようにも感じますが、当時は卑劣《ひれつ》な詐欺行為で、泥棒にも等しい行ないだと考えられていたようです。

酒に執着すると「雲火霧」の業火に焼かれる羽目に
(『地獄草紙〈安住院本〉』東京国立博物館蔵、模本)

また、**「雲火霧《うんかむ》」**という特別地獄では、罪人がこの業火で焼かれ、あっという間に爪先から頭まですっかり溶けてしまいます。

もちろん、溶けたあと、獄卒が罪人を業火の中から引き上げると、罪人はまた生き返ります。こうして何十万年も焼かれ続けることとなります。

こんな地獄に堕ちるのは、どんなに悪いやつなのかと首を捻《ひね》ってしまいますが、やっぱり酒絡みで、要は酒によって世の中のルールを破ってしまった人がターゲットとなっています。

駅のポスターで、「暴力を酒のせいにしてはいけない」というような文言を見かけることがありますが、そのようなことを示しているのでしょう。

ここで、獄卒が偈を詠みます。

み仏のもとにありて痴を生じ
世《せ》・出世《しゅつせ》（世間と出世間）の事を壊《やぶ》り
解脱を焼くこと火のごとくなるは
いわゆる酒の一法なり

『往生要集 全現代語訳』（講談社学術文庫）より

前述した通り、仏教では、快楽と苦行の中間を取ることを「中道」といいます。何事もいきすぎはよくないようです。

酒も飲みすぎないように、控えたほうがいいわけですが、いきなり酒量を減らすのは厳しいので、「中間」を目指してだんだんに減らしていくといいでしょう。

パチンコなどのギャンブルも同じで、中道を心がけたいものです。パチンコはプレー中にハンドルを右に回すほど玉の勢いが強くなり、より遠くに玉を飛ばすことができます。

ですが、パチンコ機種の「地獄少女」シリーズでは、右にばかりハンドルを回していると、閻魔あいが「左打ちに戻しなさい」(機種によっては「左打ちに戻して」)とアドバイスしてくれます。

やはり人生は、すべてにおいて「右打ち」と「左打ち」を使い分けるような中道が必要なのではないでしょうか。

⑤大叫喚地獄

灼熱の金鋏で舌を抜かれる恐怖

「地獄の話は、もううんざりだ」というあなた。

そもそも、この本のテーマは「地獄」。まだまだ、こんなものではありません。

どんどん読み進めて「地獄マイスター」になれば、逆に絶対、地獄に堕ちることはないでしょう。


さて、次なる地獄は、「**大叫喚地獄**」です。

先ほどの「叫喚地獄」のアップグレード版です。

大叫喚地獄は、叫喚地獄の下にあります。縦横の広さは前の地獄とまったく同じ、苦しみ方もまったく同じ。でも、苦しみの「重さ」に至っては、前の四つの地獄、およびそれぞれに付属した十六の特別の地獄で受けるすべての苦しみを十倍にしたものです。つまり、**地獄の「十倍返しだ！」が大叫喚地獄**です。

ここに堕ちる人は、殺生し、盗みをなし、淫欲に耽った人、酒を飲みすぎて身を持ち崩したり、不実の言を弄《ろう》した人です。

酒を飲んで人生を誤ることはよくあります。しかし、「たったそれだけのことで？」と思っても、見逃してはもらえないのが地獄です。酒を飲みすぎて、身を持ち崩した人専用の地獄もあるので、早めにお酒の量を減らしておきましょう。

特に「不実の言」については、獄卒が罪人を責め叱り、偈を詠みます。

「嘘つきは、ものすごい火と同じだ
嘘は海も干上がってしまうほど焼き尽くす力がある
まして、嘘つきの罪人を焼くということは、
よく燃える草木を焼くようなもの」

この地獄におまけとしてついている「受鋒苦《じゆぶく》」では、罪人は、熱く鋭い鉄の針で唇と舌を刺し通され、そのために苦痛の声すら発することができません。

さらに「受無辺苦《じゆむへんく》」では、獄卒は灼熱の金鋏《かなばさみ》で、罪人の舌を抜き取ります。抜いてしまうとまた舌は生え、生え終わるとすぐさま抜き取るというループ。

また、眼球を抉《えぐ》り取られ、刀で罪人の肉は削り取られていきます。

その刀はシャープな切れ味で、しゃぶしゃぶ用の肉のごとく、罪人の肉を薄く鋭く削っていきます。特に嘘つきの人がこの刑を受けるのです。

詐欺師はしゃぶしゃぶの薄切り肉になってしまうのです。オレオレ詐欺の受け子や詐欺メールを送っている人は、もう間に合わないので、薄切りスライスになるしかありません。この責め苦を念頭においておけば、慎重に生きられることでしょう。

⑥焦熱地獄
まるで料理番組のように、肉団子にされ、焼かれ……

次の地獄は**「焦熱地獄」**です。

焦熱地獄は「大叫喚地獄」の下にあり、やはりサイズは同じです。

獄卒は罪人を捕らえると、熱鉄の地面に横たえ、仰向けにさせたり俯《うつぶ》せにさせたりしながら、頭から爪先に至るまで、焼けた大きな鉄の棒で殴ったり、突き刺したりします。

これを繰り返し、罪人を「さながら肉団子のようにしてしまう」と記されています。

スライスされたあとは肉団子……。

ときには沸騰する巨大な鉄鍋の上に置き、猛火で炙《あぶ》り、左右に転がし、腹を焼き背を焼いて薄く伸《の》してしまうそうです。

　さらには、巨大な鉄の串を肛門から頭へと貫き通し、裏返して火で炙ります。

　悪意をもって生き物を殺めた人などは、この地獄に堕ち、この状態で一万六千年の報いを受けることになります。

　また、沸騰する鉄の釜に入れられたり、熱い鉄の楼《たかどの》に置かれたりします。火は熾烈を極めて、骨髄までくまなく染み通るとされます。

『往生要集』によると、罪人の体は、たとえれば豆腐のように柔らかいそうです。時間をかけてじっくりと焼き上げられるので、耐えられない苦しみが続くのです。


　この地獄にも、さらに十六の特別の地獄があります。

　その中の一つは、「分茶離迦《ふんだりか》」と呼ばれます。ここでは、罪人が炎の連続攻撃に耐えかねていると、どこからか、

「こっちに涼しいところがあるぞ」

　という声が聞こえてきます。それにつられて行くと大変です。

　道の傍《かたわ》らに坑《あな》があり、そこから猛火が噴き上げているので、結局、足を踏み外して、

猛火で焼かれることになります。焼け切ってしまうと再び生き返り、生き返ったとみるや、たちまちに焼かれてしまうのです。

罪人の喉《のど》はカラカラに渇き、水を求めて歩きます。ようやく池の畔《ほとり》にたどり着き、やれやれと池の中に入った瞬間、池が炎に包まれ、火の柱がそびえ立ちます。罪人はこの火に炙られ、焼き焦がされ、例によって死ぬとまた生き返り、焼かれるループに陥ります。

獄卒たちが串刺しにした罪人たちをこんがり焼きまくる！

ここに堕ちた罪人は、断食をして天界に生まれたいなどと望んで餓死したり、他人にも断食を勧めた者です。要するに、天界で飲み放題、食い放題の快楽生活をしたいがために修行をする、というねじ曲がった考えを持ってはいけない、ということでしょう。

現代人にとっては、「欲が高まりすぎると地獄に堕ちる」という教訓ということになるかもしれません。「一発当ててやろう」と思って先物相場や不動産投資に手を出して、大失敗をすることもあります。ほどほどに中道を生きるのが一番だということです。

また、「闇火風《あんかふう》」と名づけられた特別の地獄があります。罪人は竜巻で急旋回させられて舞い上がり、体は引き裂かれ、バラバラになって撒き散らされたのち、また生き返るというループが生じます。

「肉体は生成消滅するが、常住不変で生滅《しょうめつ》することのない元素がある」と、大乗仏教を否定するようなこと（邪念）を抱くと、この地獄に堕ちます。

変わらない何かの実体があると考えることは、執着につながりますので、身をもって縁起、五蘊、空の思想を体験させられることになります。

本書の前半部分で仏教の教えを学んだ人は、この地獄に堕ちることはないのでご安心ください。

⑦大焦熱地獄

獄卒に喉仏をガッチリ掴まれ閻魔王から直々の説教！

「焦熱地獄」のさらに下にあるのが、**「大焦熱地獄」**です。

この地獄では閻魔王の配下の獄卒は、手にはきらめく白刃《はくじん》を持っています。両眼は炎を発して燃え、鉤のように曲がった牙は、鉾《ほこ》の切《き》っ先《さき》のように鋭くなっています。

罪人は獄卒に喉仏をガッチリと掴《つか》まれ、閻魔王に叱られます。閻魔王が直々に説教してくれるわけです。

さらにそのあと、閻魔王の手下の獄卒に次のように怒られます。

「火がお前を焼いているのではない

悪業がこれを焼いているのだ
火が物を焼いても消すことができる
だが、悪業の火は消すことはできないのだ」

罪人は、大きな山の崖っぷちから、さらに険しい崖の上に押しやられて落とされ、業火に焼かれることになります。

人を傷つけ殺生するなど様々な罪を犯した者は、炎の中で呻《うめ》き声を発し、救いを求めて泣き叫ぶが、何億年もの間、焼かれ続けるのです。

この大焦熱地獄の四つの門の外には、付属のテーマパーク地獄が十六種類あります。その中の一つは巨大な炎の柱の中で、罪人は呻き声を発し、救いを求めて泣き叫びます。これも、何億年も続きます。

ここには、仏の道を信じている女性を犯した罪で堕ちるとされます。現代では、日本人は仏教を信じている人がたくさんいるので、性犯罪者の多くが堕ちることになるでしょう。

また、「普受一切苦悩《ふじゆいっさいくのう》」という地獄があります。

ここでは、炎を上げている刀で皮を剥《は》ぎ割かれますが、肉はいっさい傷つきません。よって、筋肉の人体模型のような姿になってしまいます。体と剝ぎ取られた皮は、熔けた熱い鉄の上に並べてバーベキュー状態で焼かれます。

これは何億千年も続くとされます。

ここに堕ちる人は、戒律を守っている婦女子に酒を飲ませ、誘惑して情交をほしいままにした者です。

また、金で人の歓心を買うようなことをすると、この地獄に堕ちるとされます。法律を守っている真面目な人を誑《たぶら》かしたり、金で人の心を動かそうとしてはいけないということでしょう。

⑧阿鼻地獄

救いようのない「極苦」だけがある世界

いよいよ地獄の最下層、**「阿鼻地獄」**（「無間地獄」ともいいます）です。
ここに堕ちるかもしれない罪人は激しく後悔しますが、獄卒は言います。

「お前は、馬鹿な罪を犯した。いまさら後悔しても仕方がない
これは、鬼などが行なっていることではない
自分が行なったカルマ（業）に縛られているのだ
誰もお前を救うことはできない」

そして、罪人は、地獄で泣き叫ぶ声を聞きながら、逆さに吊り下げられた恰好で、**二千年の長きにわたり真っ逆さまに落下し、やがて阿鼻地獄の淵《ふち》へと堕ちる**のです。

阿鼻地獄に堕ちた者は、第七層目の大焦熱地獄の罪人を見ると、うらやましいと思うほどなのです。

ここに堕ちるのは、「五つの逆罪」を犯した者と、殺生と盗みと邪淫、そして聖者の位に達したと称するがごとき妄語を吐き散らして、不当に信者の施《ほどこ》しを受けてのうのうと生活していた者だとされます。

「五つの逆罪」とは、仏教での最も重い罪です。「父母を殺す」「阿羅漢を殺す」などの罪に加え、大乗仏教では「寺を破壊し仏像を焼く」「仏教の教えをこっそり批判する」「僧を還俗《げんぞく》させたり殺したりする」など全部で五つの罪をいいます。

この地獄に付随する別処の一つが**「黒肚処《こくとしょ》」**です。飢えて渇くあまり、自分の身を食い尽くすという地獄です。食い尽くすとまた生き返り、生き返るとまた食う。

また、黒い腹を見せて這いずりまわる蛇がいて、罪人にまとわりつき、足の甲から徐々に上へ上へと噛み砕き、呑み込んでいくといいます。

さて、これらの八大地獄には、それぞれ四つの壁と四つの門があり、その門の外には死骸と糞《くそ》の泥沼があります。地獄の罪人が焼けた炭が積もった場所を出ると、この沼の中に落ち込んで首まですっぽり沈んでしまうのです。この沼は死骸と糞溜めで、無数の虫が蠢いています。この虫たちが、罪人の皮膚を穿《うが》ち破って肉に食い入り、筋を断ち切って骨をばらばらにし、髄を取って食ってしまうのです。

この沼に落ちなければ大丈夫なのでしょうか。いや、沼の他には鋭利な刀剣の刃を上に向けた道しかなく、ここを歩けば、皮膚も肉も筋もことごとく切り裂かれ、爛れて、足は血しぶきを上げます。

獄卒は、

「お前らはいま、何に望みをかけているか」

と聞いてくることがあり、罪人が飢えていることを告げると、獄卒は、食べ物をくれるどころか、鉄のペンチで口を開かせ、真っ赤に焼けた鉄の塊を食べさせます。

「喉が渇いています。水をください」

などと言おうものなら、獄卒は高温でどろどろに熔けた液状の銅を、素早く口に注

焼けた鉄の塊を食べさせられ、熔けた銅を飲まされ……
これが地獄の「究極の苦しみ」（『矢田地蔵縁起』奈良国立博物館蔵）

ぎ込むのです。

とにかく、地獄には、ただただ救いようのない苦しみだけが存在しています。

今までの仏教理論を総合すれば、生きているときに積んだカルマ（業）がアーラヤ識の宇宙貯蔵庫に蓄積され、フィードバックされた結果が地獄行きを招いている、ということになります。

もちろん、現実世界でフィードバックしてくることもありますが、現実世界はいつか終わります。でも、**死後に「地獄界」として、再び現象世界が作り出される**わけです。

獄卒がしばしば、「自分で自分の世界を

作っている」と偈を詠むのは、そのような意味でしょう。

こうして「地獄ツアー」は終わります。

『往生要集』で地獄の恐ろしさを並べ立てた源信は、こう書きます。

「こんな地獄に堕ちたくないよね？　死後は極楽に行きたいよね？　それなら念仏が大切だよ」

ですが、生まれ変わる先には、地獄の他にもまだ五つの世界がありました。

そこで次章では、「六道」のうちの、他の五つの世界について見ていくことにしましょう。

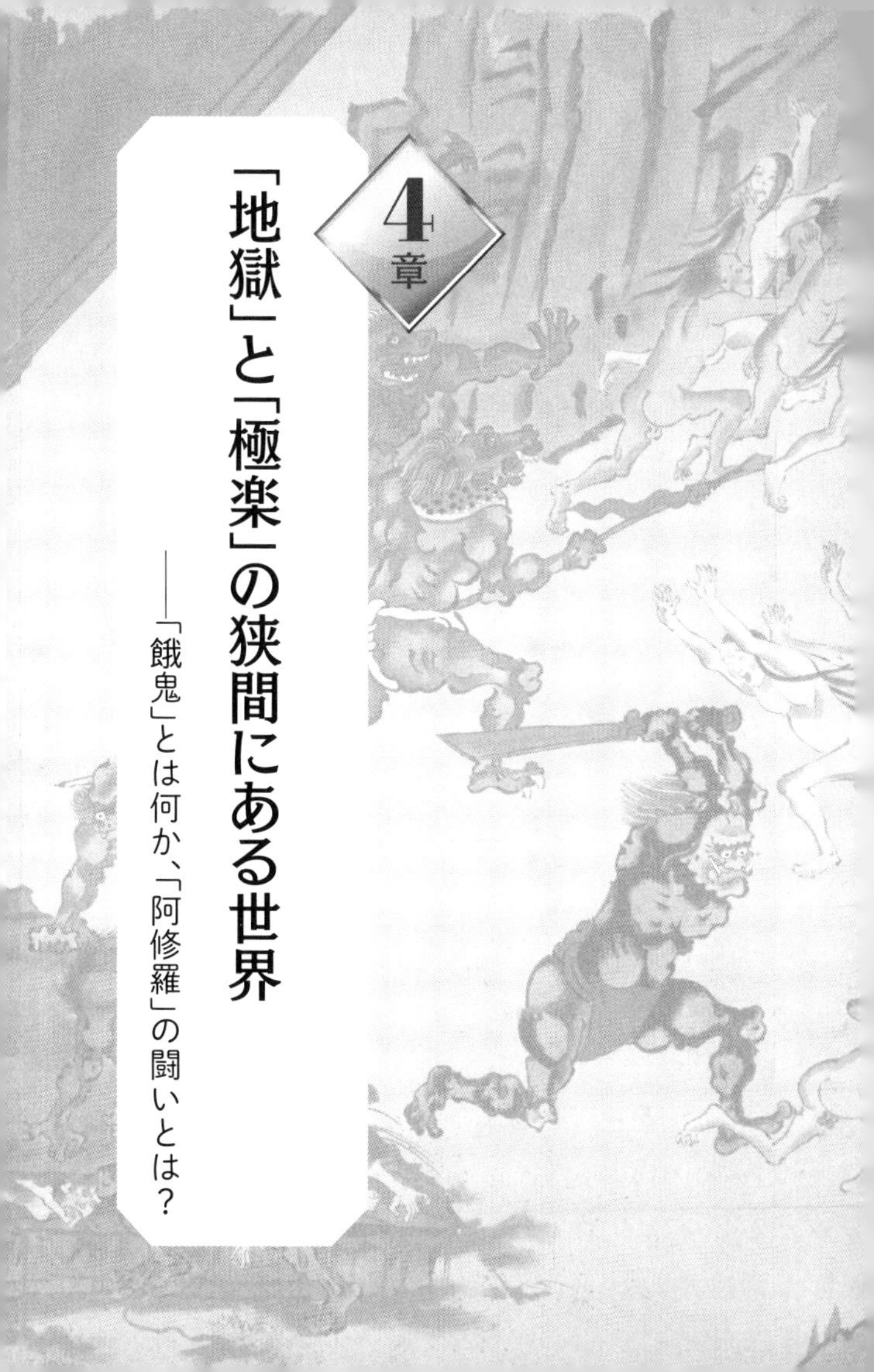

4章

「地獄」と「極楽」の狭間にある世界

——「餓鬼」とは何か、「阿修羅」の闘いとは?

地獄以外の「五つの世界」はどんな場所？

さて、前章では広大にしてインスピレーションに富んだ罰にあふれ、ちょっとユーモラスでさえもある「八大地獄」の世界について書いてきました。

恐怖映画を観たあとのような心持ちになってしまった人もいるかもしれません。

「早く極楽浄土の話が読みたい！」

そんな声も聞こえてきそうです。

しかし、71ページで述べた通り、地獄は「六道」のうちの一つ。死後に地獄に堕ちないまでも、その他の五つの世界（餓鬼・畜生・阿修羅・人・天）に転生してしまったら浄土には行けません。

「六道」はすべて、浄土にはほど遠い迷妄《めいもう》の世界なのです。

ストイックな求道《ぐどう》僧の源信からすれば、地獄・餓鬼・畜生の「三悪道」は論外です。阿修羅は戦いに明け暮れて不毛なところで、人間界は不浄とされます。天界も「いつ落ちぶれるか」と不安のある場所なので、これもお勧めできません。

一刻も早く、仏のいらっしゃる「清浄な世界」へと衆生の目を向けさせたい――。

そのため『往生要集』では、地獄を除く五つの世界についても言及されています。そこで、本章でも地獄以外の「六道」の世界を見ていくことにしましょう。

グロさは地獄よりも多少軽減されますが、やはり、体調がよくないときは読まないほうがいいかもしれません（特に、食事中はもちろんのこと、食前・食後も避けたほうがよいでしょう）。

「餓鬼道」――飢えと渇きに苦しみ抜く世界

「餓鬼道」の世界は、地獄とは異次元にあります。

餓鬼は閻魔王が管轄《かんかつ》する地下、五百由旬（三千六百キロメートル）の世界、あるいは人間世界と天界に住むとされていて、その場所は様々です。

餓鬼に輪廻した場合、その姿は様々です。

ある餓鬼は、人間の倍の体型をしています。顔や目はありません。手足は釜の脚に似ているとあるので細いということでしょう。さらに、自分が釜そのものなので、常に灼熱感があります。これは、その昔、財宝を貪り、生あるものを屠《ほふ》った輩《やから》がこうなります。

餓鬼は永遠に満たされない飢えに苦しみ続ける
（『餓鬼草紙』奈良国立博物館蔵、模本）

この「生前の行ない」を見ると、「地獄コース」に行ってもよさそうなものですが、地獄を逃れて「餓鬼コース」に行ける基準は「人殺しをしていないこと」です。いずれにしろ、どちらも選びたくないコースです。

餓鬼の世界は常に飢えと渇きに苦しめられ、決して満たされることがありません。

いつもゲロを吐いている餓鬼は、前世、美食を求め、しかも妻と子、または夫と子にはひと口も分け与えなかった過去を持ちます。

同じく、うまいものばかりを独り占めしていると、腹が減っても匂いだけ嗅《か》いで生きるという餓鬼に転生します（グルメな人が必ず地獄や餓鬼道に堕ちるわけではないので、安心してください）。

水にありつくことができない餓鬼もいます。水を手ですくおうとすると、獄卒にぶっ叩かれるのでたまりません。その他、とにかく食べ物や飲み物で苦しむのが餓鬼なのです。

これは前世、酒に水を入れて薄めて利益を得た者、弱い生き物を水中に沈めていじめた者、利益を他人から吸い取りすぎた者、インチキ商品を売った者、他人の食べ物を奪った者、僧たちの住む精舎《しょうじゃ》の森を伐採した者などが餓鬼になるとされます。

環境破壊も餓鬼道に堕ちそうなので、レジ袋はあまり買わないほうがいいのかもしれません。

ちなみに餓鬼世界は、人間の世の一カ月が一昼夜に当たります。年月を重ね、五百年をもってその寿命とするそうです。

「畜生道」――食べて繁殖するだけの弱肉強食の世界

「畜生道」の世界は、大きく分けて三種類あります。鳥禽類《ちょうきん》・獣類・虫類です。死んだあと、これらに生まれ変わるというわけです。ここでは、野生の動物を見ればわかるように、弱肉強食の世界です。

魚などの水の中に棲む生き物に転生してしまうと、ひとたび漁師に捕らえられれば、釣り針は痛いわ、陸では呼吸はできないわで、ひどい目にあいます。最後は腹を割かれて、煮るか焼かれて（生かも）食べられてしまうことでしょう。

地上に棲む動物に転生したとしても、猟師にいつ捕まるか怯《おび》えながら生きることになります。

畜生道に堕ちた罪人たちは、動物たちに追われ逃げ惑う
（『矢田地蔵縁起』奈良国立博物館蔵）

人に飼われたりする馬や牛、驢馬《ろば》や駱駝《らくだ》、騾馬《らば》、あるいは象などは、猟師を恐れないですむといっても、穏やかではいられません。頭をかち割られたり、鼻に大きなピアスを通されて引っ張られたり、あるいは轡《くつわ》をはめられたりします。

その挙げ句、背に重いものを載せられ、ムチでビシビシ叩かれて歩かされるのです。水を飲み、草を食べることだけを求めて、他のことは何も考える暇すらない、という生き様です。

また、ゲジゲジなどの虫や、穴ぐらに棲むイタチなどは、生涯を闇の中で過ごし死んでいきます。

大蛇の類は、体は立派ですが愚かです。耳も聞こえません。バカでかい図体をのらりくらりと転がすようにして動かします。体が無駄に長いせいで、たかる虫を追い払うこともできず、血を吸われ体中を食い荒らされる運命です。

以上のような様々な畜生は、永遠に近い苦しみを受け続けるのです。

この報いを受けるのは痴《し》れ者で、そのうえ恥知らずで、働けるくせにボヤッと施しを受けるだけの者だとされます。

現代においては、なんの向上心もない、極端な怠け者が当てはまるでしょう。不労所得にこだわったり、不正に受給したりしている人は、この畜生道に堕ちてしまうのかもしれません。早めに自己啓発書などを読んで、モチベーションを高めたほうがよいでしょう。

「阿修羅道」――戦いに明け暮れるだけの世界

「阿修羅道」は戦いに満ちた世界です。

この世界は二つに分かれていて、一つは世界の中心である須弥山（59ページ参照）の北の海の底にあり、もう一つは須弥山を囲む外側の海にある「四つの島の山の岩の間」にあるとされています。いったい、どんなところなのかよくわかりません。ゴツゴツした岩山みたいなところを想像しておきましょう。

ここに堕ちた人は、いつも心が恐れおののき、慌てふためき、悲しむ状態です。雷が鳴っただけでも、

「何が起こったんだ!?」

と怯えるありさまです。

そんなふうに怖がってばかりいるのも当然で、この世界では常に諸天《しょてん》（仏教の守護神）によって攻撃されているのです。

来る日も来る日も、朝昼晩と責具でひっきりなしに責め苛まれるという世界で、『往生要集』によると、その苦しみは「いちいち列挙することはできない」ほど多様になっているそうです。

普段の生活でも、歯医者に行く予定があるとか、上司に説教されそうとか、そういった怖いことがあると、落ち着かない気持ちになりますよね。そんな気持ちを四六時中味わっていなければならないと思うと、ぞっとします。

「人道」──救いは厭離穢土だけ！

死後、**「人道」**に転生したら大変です。

まず、人道では朝どんなに眠くても目覚ましをかけて起きなければいけません。通勤電車は、ギュウギュウ詰めの満員です。遅刻すると、獄卒みたいな恐ろしい上司に怒られます。

そう、人道とは、私たちの世界なのです。

源信の『往生要集』では、どれだけ人道が苦しいところなのかを力説しています。

「そんなにひどかったのか！　そういえば、そうかも……」と再認識したりして。

ちなみに人道は、三つの相に分類されます。

不浄・苦・無常です。以下、それぞれ見ていくことにしましょう。

①不浄――人体って、こんなにも汚い！

最初は「不浄」についてですが、源信はどれだけ人体が汚いかについて力説しています。まず骨の話が長い。理科室の骨格標本の骨を、全部説明するかのような内容です。

「人の体には三百六十の骨があり、……肩の骨は肘《ひじ》の骨を、肘の骨は腕の骨、腕の骨は掌《てのひら》の骨を、掌の骨は指の骨をそれぞれ支える……」といった説明が延々と続きます。

平安時代には、もちろん「生物」という科目はなかったので、ほとんどの人は骨の構造をよく知りません。なので詳しく説明しているわけです。骨は、「あたかも朽ち崩れた家のようなもの」と表現されています。

次が筋肉、血管、胃と腸と肺の話、その他、内臓の解説。

あと、毛穴とうぶ毛。これは乱れた草に似ているそうです。

五つの感覚器官（眼・耳・鼻・舌・身）と七つの穴（眼・耳・鼻・口）は不浄で満

たされています（老廃物とか細菌がいるから仕方ない）。そして、人の体は皮膚で覆われていることが強調されます。

要するに、私たちは日常生活で、いちいち、骨やら筋肉やら内臓のことを考えませんが、「人間って、こういうもんですよ」と再認識させようとしているのでしょう。

体は至るところ臭気に満ちていて（加齢臭か!?）、そもそも生きていながら腐っているそうです。確かに、細胞は死んで生まれ変わっていますので、腐っては生まれてを繰り返しているのは確かでしょう。

源信は様々な経典から引用して『往生要集』をまとめ上げているのですが、

「そんなに体を自慢したり、執着したり、得意になったりするんじゃない！」

というお経の言葉を強調しています。

では、筋トレは、ダメなんでしょうか。筋トレ自体がめちゃくちゃ苦しいので、カルマを解消してくれるようにも思うのですが。

さらに、筋肉と血管について強調したあと、汗が出るから汚いと主張しています。

消化の医学的な説明が入ったあと、膀胱《ぼうこう》は尿を溜めるところで排泄《はいせつ》をつかさどる場所だと説明します。内臓は、あたかも毒蛇がとぐろを巻いているのに似ているそうです。

当たらずといえども遠からずという記述が、「虫」についてです。体には無数の虫がおり、人間が死ぬと、その虫が出てきて肉体を食べるというのです。

人間は細菌やウイルスと共存しています。大腸菌がいなければスムーズに消化できませんし、ヘルペスウイルスなどは神経細胞に寄生しています。

要するに、人体とは微生物との共存の場です。体力が落ちると、体内の微生物により病気になります。

『往生要集』では、目や脳、耳や鼻、唇、さらに尿道その他に虫がいると述べていますので、これは人間と共存している微生物と解釈してもいいかもしれません。

そして、

「心に悩むことがあると、これらもろもろの病気がにわかに勢いを増し、いかなる名医も十分なる治療を施し根治することはできない」

とあります。要するに、ストレスが生じると、免疫力が落ちて、体の中にいる虫が悪さをするといっているのです。

また、人間の体が腐る様子が描かれ、この身体的な不浄が強調されます。

これほどまでに不浄なのだから、「人の世を楽しみ愛着を持とうとする者」がいるはずがないと説かれます。不浄を知れば、人道の愛欲が消えるというわけです。

②苦——人の世は苦しみだらけ

仏教では「一切皆苦」と説かれるように、人生は「苦」に満ちています。

人は生まれ落ちる瞬間から、成長したのちもまた、苦悩が絶えることはないと説かれます。人間の受ける苦しみは病気の数々です。これは不可抗力的に生じます。

さらに外側から受ける苦しみもあります。監禁されたり殴られたり、拷問で耳を削がれたり、手足を切断されたりすることもあるといいます。

また、虫に食われること、寒さと暑さ、飢えと渇き、風に雨にと、様々な苦しみがしきりに迫ります。

立っているとだるいし、座っていると腰が痛い。歩き続けるのも苦しいし、同じ姿勢を取っているのも辛《つら》い。

源信は、「こういった苦しみは、みんなわかっていることだから、今さら解説する必要はないだろう」と書いています。

③無常――人の命ははかなく、すべては流れていく

さらに「無常」です。そう、「諸行無常」の無常、すべての存在は流れていきます。

人の命のはかなさがこれです。

「今日生きているとしても明日という日は予測しがたい。こう考えるなら、どうして放縦《ほうじゅう》安逸《あんいつ》に身をゆだね、間違った生涯を送ってよかろうか」

と源信は『涅槃経』を引きながら説きます。

長寿であってもいつか死ぬ。富裕になってもいつか死ぬ。いつかは必ず心身が衰え果てて、病となって死ぬ。無常の死神は、頭がよくても悪くても差別はしない。金持ちも貧乏人も差別をしない。何をやっても最後は誰もが死ぬのです。

死の恐怖から逃れるには、「解脱への道」を求めるしかありません。

仏の説く修行をして、永遠の楽しみをもたらす、さとりの道を求めなければいけないのです。

生まれるとき、老いゆくとき、または病気になったときも大変ですが、これらの苦しみは比較的ゆっくりやってきて、苦しみを軽くする方法もあるものです。けれども、死だけは違います。死は突然やってきて、逃れる術はありません。

さて、このような人間界、人道に生きていることを改めて考えて、心からこの世界を厭《いと》うて離れようとする心（厭離穢土）が必要とされます。

ここには、生きていることを楽しむという発想はありません。楽しく生きられればそれで幸せと思っている人は、まだ人道の恐ろしさを知らないからでしょう。人道は「生老病死」です。これは絶対なので避けることはできません。

「天道」――死の間際には“地獄に匹敵”する絶望が！

六道輪廻の中で、一番ステージが高いところが**「天道」**（天界）です。

天道では快楽そのものに限度がありません。

天人は寿命も長く、毎日がウキウキで、楽しくて仕方がないのです。とても美しい存在で、天の羽を持っています。

豪邸に住んで、うまいものを毎日食べて、美しい音楽やらダンスやらを楽しみ放題です。美しい天女もたくさんいるようです。おそらく六本木の歓楽街のようなバブリーな世界なのでしょう。

人間界で善行を積むと天道に行けます。

ところが、天道では仏教を学ぶことができません。

いたずらに幸福ポイントを使ってしまうので、ポイントがゼロになると、たちまち老け始めます。服装もボロボロになっていきます。

『往生要集』には、

「①頭の花飾りがしおれ、②天の羽衣も汚れ、③腋の下から汗を流し、④両眼がしばしば眩み、⑤これまでの暮らしが楽しくなくなる」（天人の五衰）

と書いてあります。

腋の下から汗を流すのはそんなに悪いことかと思われますが、天道ではそういうことがないほどクリーンだったのでしょう。

自分が汚くなってくると、天女たちも離れていってしまい「雑草か何かのように棄《す》て去られて」しまうそうです。

自分を棄てないでくれ！と「思いのたけを、声を限りに哀願」するのですが、誰も見向きもしてくれません。

◇〝落ちぶれるときの苦悩〟は地獄にも勝る⁉

この天で快楽の限りを尽くした人が落ちぶれると、別の天が生まれるそうです。すると、天の一族はもとの主を棄てて、新人の天に仕えます。これは、現世でもありそうなことなので、事業などがうまくいっていて羽振りがいいときほど、気をつけたいものです。

天道での苦悩たるや、「地獄のもろもろの苦悩など、その十六分の一にも及ばず」とありますので、ある意味、**地獄で責め苛まれるよりも「得たものを失う」ことのほうが苦痛**であるということかもしれません。

人は、すでに所有しているものを失う恐怖がとても大きいとされています。

確かに地獄は苦しいのですが、精神的に追い詰められる暇もありませんからね。

これは、私たちの日常でも同じです。

何かトラブル続きで苦しいことは苦しいけれども、一生懸命それに集中していると、いつの間にか終わっているということが多いようです。

でも、時間が十分にあって、特に困っていることはないのに、あれこれ考え始めると、かえって気分が追い込まれるときがあります。

天とは、そういう人間の心理的な面を表現しているのかもしれません。

コラム

九相図——「美女への執着」から離れる瞑想法

鎌倉時代頃から描かれるようになった仏教絵画のモチーフに、「九相図《くそうず》」というものがあります。

九相図とは、死体の変化を九場面に分けて描くものです。死後まもない状態に始まり、次第に腐って崩れ、獣や鳥に食い荒らされ、九相目にはバラバラの白骨ないし埋葬された様子が描かれます。九相の死体図の前に、生前の姿を加えて十の場面を描くものもあり、作品や経典により描かれる場面は様々です。

九相図が描かれるようになる前から、仏教では、出家者が他者の肉体（特に美女）への執着を断ち切るために、肉体の不浄のありさまについて観想する、という修行法がありました。この観想法を「九相観」といいます。

「あんな美女でも、死んだら肉体が腐って醜くなっていくのか！」とイメージするという、ある意味、変態的な瞑想です。

そこまでやらなくてもいいように思うのですが、これは「諸行無常」の原理に沿った瞑想だといえるでしょう。すべてのものは変化していく。常住不変《じょうじゅうふへん》ではないという真理をナマナマしく具体化して思い浮かべるのです。

九相観も、地獄描写同様に胸クソ悪さがハンパないので、興味のない方は以下を読み進めるのはご遠慮ください。

教説によって、体の崩れ方は少しずつ異なります。ここでは、智顗《ちぎ》（隋《ずい》の僧。天台宗の確立者）による仏書『摩訶止観』からご紹介しましょう。

捨てられた死体が朽ちていくプロセスは、次の九段階で説明されます。

①**脹相**《ちょうそう》（死後硬直しガスで腹が膨張する）

②**壊相**《えそう》（太陽光にさらされて皮肉が破れる）

③**血塗相**《けちずそう》（皮膚の裂け目から血が滲み出る）

④膿爛相《のうらんそう》（腐乱により溶解する）
⑤青瘀相《しょうおそう》（青黒く変色する）
⑥噉相《たんそう》（虫がわき、鳥獣に食われる）
⑦散相《さんそう》（食い荒らされて四肢や五臓が散乱する）
⑧骨相《こつそう》（血肉や皮脂がなくなり骨となる）
⑨焼相《しょうそう》（骨を焼くと灰になる）

これらの情景をありありとイメージするのが九相観という観想法です。イメージだけなので、実践はやめましょう。

それにしても、よくここまで観察したものです。医学生のレポートのようなリアルさです。これを美女への煩悩を打ち消すために応用する場合は、自己責任でお願いします。

このイメージをわざわざ絵にしたものが、「九相図」です。

室町幕府を開いた足利尊氏《あしかがたかうじ》が帰依した夢窓疎石《むそうそせき》は、九相図を壁に掛けて観想したそうです。

この九相の観想法を流行させたのも、実は源信の『往生要集』でした。

その第一章「厭離穢土」には、人道を不浄・苦・無常の三つの角度から捉えることが説かれていると紹介しました。そうすれば、現世への執着を克服して、浄土往生を目指すことができるとされます。

『往生要集』は、死体の変化から死後の地獄まで紹介する「グロ大全」と呼ぶにふさわしい書なのです。源信は、ただものではありません。

人の体が不浄であるという部分（165ページ参照）が妙に多いのも、この観想法が非常に重要なものだということを強調しているからでしょう。

『往生要集』には、前述の『摩訶止観』から引用している部分があります。

……死んだあとは、人は墓場に遺棄される。一日か二日、あるいは七日もたつと、その体は体内のガスで膨れ上がり、皮膚の色は青く、またはどす黒くなる。

死臭があたりに満ちて、肉はかゆの煮え崩れたようになる。皮はぬるぬると剝けて、血と膿《うみ》が流れ出すのだ。

熊や狐、犬といった様々な動物が集まってきて、死体は噛み裂かれて食い荒らされる。

動物たちの食事のあとは、死体はより汚くボロカスになり、爛れっぱなしになるので、無数のウジがそのおいしそうな匂いに誘われ群がってくる。

このかつて美女だった死体は、死んだ犬よりもさらにグダグダになってしまう。このあとは、白骨だけ残り、関節はバラバラに分散し、手や足、頭蓋骨はもとあった場所から離散する。

雨風にさらされて、白骨はさらにボロボロになり、最後は、腐り朽ちて粉々となって塵《ちり》や土と混じり合ってしまう。

以上は最後の不浄について述べたもの。『往生要集』より超訳しています。

源信によると、人間の身は生きているときも死んだあとも、不浄の一語に尽きるそうです。「愛し合う男女」も例外ではないと、余計なことまで書いてあります（普通のことだろ）。

美女への執着を断つ「九相図」

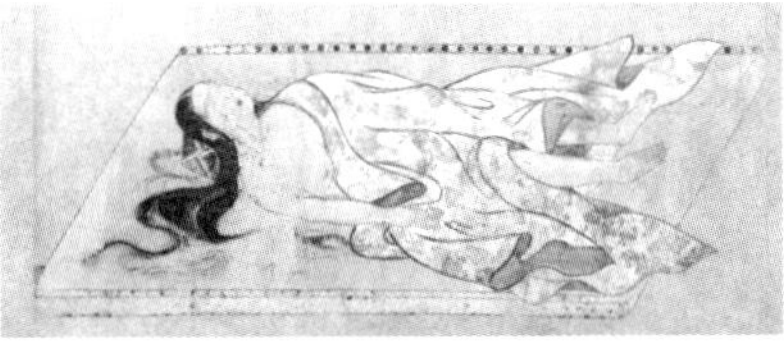

①死んだあとは

②膨れ上がり

③どす黒く

④皮が剝け

⑤流れ出す

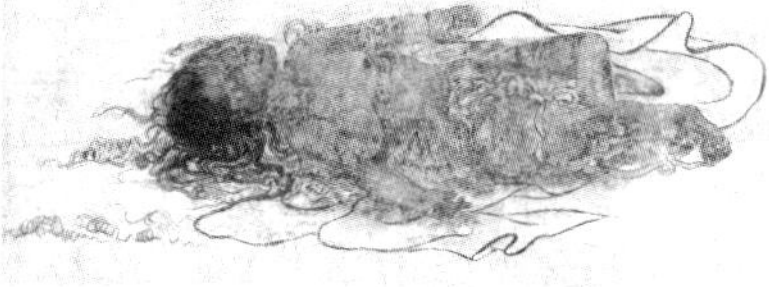

⑥崩れる

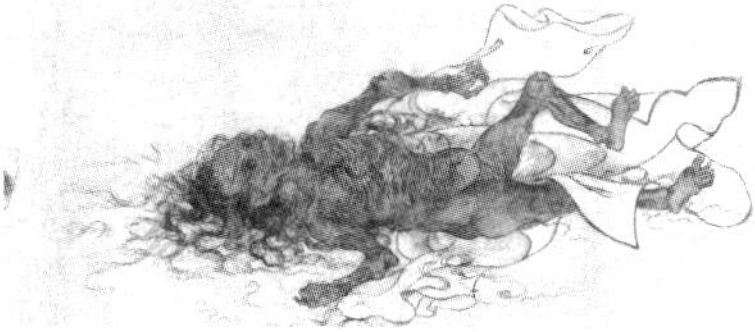

⑦噛み裂かれ

⑧白骨だけ残る

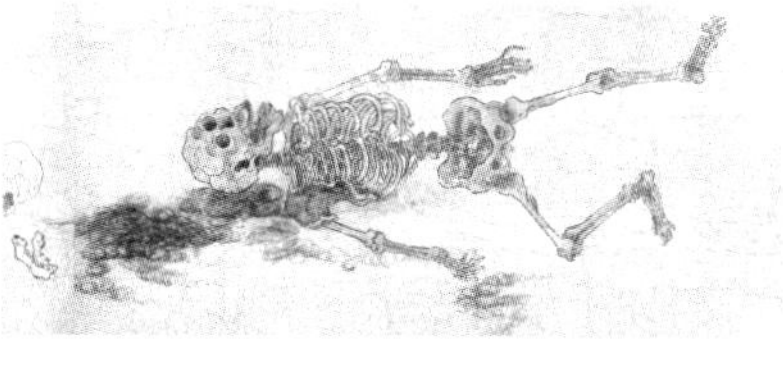

⑨バラバラに

(『紙本著色九相図』九州国立博物館蔵、落合晴彦撮影)

5章

「極楽浄土」に行く方法

――「念仏」ですべての悪行をクリアリング！

欣求浄土！「阿弥陀様のお側へ行きたい」

これまで見てきた通り、私たちが住むこの世、すなわち「娑婆世界」は、手に入れたものもいつかは失われ、楽があっても必ず苦がともなっています。今日は金があっても、明日のことはわからない。最後は死が待つ運命だし、死んだあとは犯した罪によって餓鬼道や地獄道に堕ちるかもしれない……。

はあ、生きるのが嫌になってきちゃった……。

でも、大丈夫。

『往生要集』では、「そんな迷妄の世界とは無縁の、素晴らしい極楽浄土の世界があるよ！　キミも阿弥陀様のお側に行こう！」（欣求浄土）と誘ってくれているのです。

往生する者（右下）を極楽浄土に迎える阿弥陀如来と菩薩たち
（『阿弥陀聖衆来迎図』東京国立博物館蔵）

平安貴族たちがこぞって、この書を読んだのもうなずけます。

◇浄土教クリアリング法 ――すべての憂いを打ち払うには？

西方にある「極楽浄土」の様子を、源信は次のように書いています。

その地では、はるか向こうに光り輝く阿弥陀如来を拝することもでき、観世音菩薩や勢至《せいし》菩薩から、「よく来ましたね」とねぎらいの言葉をかけてもらえます。

もちろん、菩薩たちや阿弥陀如来から、直接「仏の教え」を受けることもできます。仏様の直弟子《じきでし》状態です。きっと、ずんずんと「さとりへの道」を突き進んでいくことができるでしょう。

この地では、楽しみを受けるにも期限がなく、すべての人が愛に満ちあふれて、赤ちゃんを見る母のような慈愛に満ちているそうです。神通力さえ手に入ります。

ここにたどり着けば、輪廻して地獄・餓鬼・畜生・阿修羅・人・天の世界に堕ちることは、もうありません。寿命もなく生老病死もない。愛別離苦・怨憎会苦・求不得苦・五蘊盛苦もない。楽しい世界が永劫《えいごう》に続きます。

現世で死に別れた者、あらゆる知人に会うこともできます。死んだペットと会うこともできるでしょう。自分の前世の過去・現在・未来のこと、すべてを知ることができるのです。

何もかも自由自在で、できないことはありません。超人の極地に至ります。

それでいて、失敗することはないのです。

では、どうすればこの極楽浄土に生まれ変わることができるのでしょうか。

地獄行きを免れる「ファイナル・アンサー」！

本書では、地獄の隅から隅までご案内してきましたが、こんな恐ろしい場所にわざわざ行かないで、極楽浄土に行く方法があるのです。

その方法とは、**「阿弥陀仏」に救済してもらう**、というものです。

『往生要集』の超訳で説明しましょう。

①**礼拝**《らいはい》――一心に阿弥陀仏に帰依し、誠心誠意礼拝する（五体投地《ごたいとうち》で）

②**讃嘆**《さんだん》――阿弥陀仏のことを思い念じつつ、その徳を称賛する

③**作願**《さがん》――「仏になろう！」と願う

④**観察**《かんざつ》――阿弥陀仏を観想する
⑤**回向**《えこう》――「一切衆生とともに仏になろう!」と施しをする

阿弥陀仏を観想する方法などについて、源信は「これでもか!」というほどのノウハウを提示してくれています。でも、明らかにちょっと難しい。いくら阿弥陀様を称賛したり、観想したりすれば人生がクリアリングでき、極楽に生まれ変われるとしても、かなりの精神的態度&時間&知性その他もろもろが必要となります。

源信の教えは、とにかく極楽往生を願う貴族たちの圧倒的支持を受けました。しかし、貴族支配に陰りが見え始め、戦乱や天災によって社会が混乱すると、比叡山に学びつつも民衆の中へ入っていった法然や親鸞をはじめとする鎌倉新仏教の始祖の方々が、新しい教えを広めたのです。

それは、**阿弥陀仏の「衆生を救って浄土に往生させたい」という本願**《ほんがん》(191ページ参照)を信じて、**ただひたすら「南無阿弥陀仏**《なむあみだぶつ》**と称**《とな》**えるだけでいいよ」**という、とってもシンプルなものでした。

そこで、ここからは「浄土宗」とはどういうものか、日本での展開や広がり、なぜ日本の民衆の心を摑んで離さなかったのかについて、見ていくことにしましょう。

◇「無量の光明」に満ちた存在、アミターバ

阿弥陀仏がいかに素晴らしい存在か、念仏すれば阿弥陀様の仏国土《ぶっこくど》（仏が住む国）である極楽浄土へ行けるよ……ということについて書かれているのが、**『阿弥陀経』**という経典です。

『阿弥陀経』は、『般若経』『法華経《ほけきょう》』などと同じ、紀元一世紀頃に成立しています。

阿弥陀には「無量の寿命」「無量の光明」という意味があります。

阿弥陀仏の名前の由来については諸説ありますが、インドにおいては、アミターユス（無限の寿命を持つ者。無量寿）と、アミターバ（無限の光明を持つ者。無量光）という二つの名前があったようです。これらの名前が伝わり、中国で「阿弥陀」と呼ばれるようになりました。

この、「無量の光明」を放つブッダである阿弥陀仏が作ったのが、仏国土である極楽浄土です。浄土というのは数多くあり、極楽浄土はそのうちの一つ。

ちなみに極楽浄土の語源はサンスクリット語の「スカーヴァティー」で、「スカ」は安楽や幸福を意味します。

初期の仏教では「涅槃」、つまり煩悩を解脱して、絶対的な静寂の境地に至ることがゴールでしたが、

「この穢《けが》れた現世でいくら修行しても仏道修行はままならないから、来世にはよりよき世界（極楽浄土）に生まれ変わって阿弥陀仏のお側で修行をしよう！」

という考えが出てきたわけです。

この**極楽浄土に住む阿弥陀仏を信仰するのが「浄土教」**です。

阿弥陀信仰では、前述した『無量寿経』『観無量寿経』『阿弥陀経』の**「浄土三部経」**が用いられます。この浄土三部経に、阿弥陀仏の教えがまとめられているのです。

『無量寿経』では、法蔵《ほうぞう》菩薩という人の修行について説かれています。法蔵菩薩は、はるか昔、世自在王仏《せじざいおうぶつ》という人の下で**「生きとし生けるものを救済するための本願（誓願）」**を立てました。

本願とは『無量寿経』に説かれた阿弥陀仏の四十八願のうち、特に次にあげる第十八願のことを指します。

「もし我れ仏を得たらんに、十方の衆生、至心《ししん》に信楽《しんぎょう》して、我が国に生ぜんと欲して、乃至《ないし》十念せんに、もし生ぜずんば正覚《しょうがく》を取らじ」

（もし私が仏になったならば、十方の世界にいるすべての人々が、まことの心を込め、深い信心をおこし、私の浄土に生まれたいと願い、南無阿弥陀仏とわずか十声さえ称えれば、浄土に生まれられるようにします。もし人々がこうした行ないをしても浄土に生まれることができなければ、私は決して仏にならないと決意します）

つまり、「衆生を浄土に往生させ、さとりを得させせよう！」ということ。ちなみに

「私の浄土」とは、「阿弥陀仏の西方極楽浄土」のことを示しています。

この本願のため、法蔵菩薩は、五劫《ごこう》の時間をかけて修行します。劫とは頭がクラクラするほど長い時間のことです。

誓願と修行を成就《じょうじゅ》した法蔵菩薩は、今から十劫も前に菩薩から仏になりました。

この仏こそが阿弥陀仏であり、西方にある極楽浄土において、今もリアルタイムで教えを説き続けているのです。

阿弥陀様が「すべての生きとし生けるものを救う」誓願を成就してくれたのですから、私たちは、もう苦しい修行をわざわざしなくても地獄に堕ちなくてすむわけです。

なんとありがたいことでしょうか！

◇初期仏教における「念仏」

阿弥陀信仰では、**「念仏」**が不可欠です。

この念仏の起源は古く、初期仏教の頃にさかのぼります。

当初の念仏とは「仏の姿を念ずること」つまり「お釈迦様の姿を思い浮かべる」こ

とを意味していました。

トラブルが起こったときには、お釈迦様を思い浮かべて、「世尊《せそん》に帰依いたします。帰依の拠り所となってください」と念じるのです。

世尊とは、お釈迦様の尊称のこと。

「帰依」は、サンスクリット語で「ナーム」。

漢字では「南無」と書きます。

おなじみの「南無阿弥陀仏」とは、「阿弥陀仏に帰依します」という意味になるわけです。

怪魚伝説

ここで、「お釈迦様の姿を思い浮かべて念仏すること」のすごい効果を示すエピソードがありますので、ご紹介しましょう。

サンスクリット語で書かれた仏教の説話集『ディヴィヤ・アヴァダーナ（＝ディヴィヤ）』には、主人公ダルマルチが、過去世で悪いことをしすぎて、とある前世で巨大な魚に転生した話が伝わっています。

「転生したら怪魚になっていた件」というような、今でいうライトノベル的な話です。

ダルマルチの前世の姿である怪魚は、船で大海を渡る商人たちを呑み込もうとします。商人らはバラモン教の神々（今はヒンドゥー教に伝わっている神々）に助けを求めますが、まったく効果はなし。

そこで、

「どうせ死ぬなら、仏に帰依いたします！　『南無仏』と叫ぼう！」

と合唱しました。すると、遠く離れた林に籠もっていたお釈迦様が、超能力の一つである「天耳通《てんにつう》」で、その声をキャッチ！　商人たちの「南無仏」の声を怪魚に聞こえるように翻訳しました。

すると怪魚は、「仏様がこの世に出現されたのか。それなのに、彼らを殺して食べるのはまずいよな」と、食べるのをやめます。

とはいっても、船はまだ口の中。

ここで怪魚は、数秒の間に思考を巡らせます。

「あれ？　オレ今、船を口の中に入れていたよね。ここで口を閉じたら、船がひっくり返ってみんな死ぬぞ。そうだ。口をスローモーションで閉じよう」

と、ものすごく気をつかって口を閉じたので、商人たちは助かったそうです。

このダルマルチの前世に当たる怪魚は「ティミンギラ」という名です。実は、彼には三つの過去世がありました。

そのうちの一つの過去世で、彼は母親と関係してしまいます。さらに母と共謀して父を殺し、ついでに最高位の僧である阿羅漢も殺し、最後は母を殺してしまいました。反省した彼は、出家しようとしましたが、すべてのお寺で門前払い。怒り狂ったダルマルチは、精舎に放火してしまい、それが原因で多くの出家者（比丘《びく》）が焼け死んだのです（これだけすりゃ、怪魚になるわな）。

焼死した比丘の中に、さとりを得た僧、つまりブッダがいました。このブッダはダルマルチに仏教の教えを授け、

「転生したのちも、『ブッダ』というキーワードを聞いたら、記憶を取り戻せ！」

と告げていました。だから、怪魚ティミンギラは、「南無仏」のキーワードで記憶が戻り、商人たちを殺さずにすんだのでした。

怪魚ティミンギラは、このあと人間に転生し、ダルマルチと名づけられ、阿羅漢になりました。

めでたし、めでたし（無差別殺人鬼から阿羅漢って、ギャップありすぎ！）。

「南無阿弥陀仏を称えればＯＫ」以前の「観想念仏」とは

「浄土教」というのは、いまでは「南無阿弥陀仏と称えれば、すべてＯＫ」というシンプルな教えとして日本人には認識されています。ですが、インドの龍樹（74ページ参照）や世親（62ページ参照）などによって広められた最初の頃の教えは、複雑なものでした。

日本では、平安時代から、比叡山の常行三昧堂《じょうぎょうざんまいどう》を中心に、源信などによって、浄土教は盛んに説かれていました。

この頃の浄土教では、阿弥陀仏に救済してもらうためには**「観想念仏」**が必要だとされていました（観想念仏とは、心の中に仏の姿や功徳をイメージしながら念仏を称

比叡山の常行三昧堂。念仏を称え、心に阿弥陀如来を念じながら
阿弥陀如来像の周りを巡る「常行三昧」の行がこの中で行なわれた

えることです）。

『観無量寿経』では、「往生法」、つまり極楽浄土に行くためには、死に際してどのように振る舞えばよいのかが説かれています。

「十悪五逆を犯した者でも、臨終に際して、真実の心を発《お》こし、声を絶やさず南無阿弥陀仏と十回称えるならば一瞬一瞬に八〇億劫の罪を除去し、極楽に往生する」

（『浄土思想入門　古代インドから現代日本まで』
平岡 聡、角川選書）

「南無阿弥陀仏」と一回称えるごとに八十億劫もの罪が消えてしまうというのだから、念仏の効果はすごいものです。

◇「仏の姿をイメージ」することがポイント

ただ、その念仏を称えるときには、「仏の姿を観想（イメージ）する」必要がありました。『無量寿経』の進化型『観無量寿経』には、十三の観想法が記されているのですが、ざっくりいえば、極楽浄土と阿弥陀仏をリアルにイメージする、ということです。なんだか難しそうですね……。

修行を積んだ人ならともかく、一般の人にとっては、見たこともない極楽の様子や阿弥陀様の姿を思い浮かべなさい、というのはかなりハードルが高いでしょう。

こうした浄土教に新たな風を吹き込んだのが、鎌倉時代の法然と、その弟子の親鸞だったのです。法然は、「仏の姿をイメージしながら念仏を称える」という従来の観想念仏ではなく、「修行も勉強も必要なく、念仏をひたすら称えるだけでいい」という**「称名《しようみよう》念仏《ねんぶつ》」**を提唱しました。これはつまり、「南無阿弥陀仏と称えるだけで、救われるよ」というとてもシンプルな教えだったのです。

あの法然の目から鱗が落ちた「一文」とは？

浄土教を、現在の私たちにもなじみのあるシンプルなものに進化させた法然。ここでは、その画期的な教えがどのようにして生まれたのかを見ていきましょう。

法然は十五歳で出家し、比叡山延暦寺《えんりやくじ》に入りました。

あるとき、法然は、唐代の僧・善導の『観経疏《かんぎょうしょ》』（『観無量寿経』の注釈書）の次のような一文に出会って衝撃を受けました。

「一心に専《もっぱ》ら弥陀の名号を念じて、行住坐臥《ぎょうじゅうざが》、時節の久近《くごん》を問はず、念々に捨てざる者、これを正定《しょうじょう》の業《ごう》と名づく、かの仏の願《がん》に順ずるが故に」

要するに、「仏教は難しすぎるので、ただ一つの『念仏』で全部足りるのだ、**余計なことはやめて念仏だけに集中すればいい**のだ」ということ。

この一文に、法然の目から鱗《うろこ》が落ちました。

革新的な「称名念仏」の教えを広めた法然（くろ谷金戒光明寺蔵）

仏教を究めるのは大変です。まず、守らなければいけない「戒《かい》」というものがあります。いわゆる「仏教ルール」です。ルールと聞いただけで「きっと焼き肉と酒はダメなんだろうなぁ」というのが想像できるでしょう。

具体的には、「十重禁戒」と「四十八軽戒《きょうかい》」というものがあります。

十重禁戒は、「生命あるものを殺す」「他人のものを盗む」「みだらな行為を行なう」「嘘をつく」「酒を売る」「他人の過ちを語る」「自分を褒めて他人を低める」「財や教えを施すことを惜しむ」「謝る人を怒りのあまり許さない」「仏法僧の三宝をそしる」の十のルールです。

四十八軽戒は、智慧がないのに仏教を教えるとか、師や徳のある人を敬わないとか、主に仏教の教えなどに関する戒のことです。

あまりにも厳しいルールです。

法然でさえ、「私はこの戒行《かいぎょう》において、一つの戒も保てない」と嘆きました。「心は物事にとらわれて移りやすく、猿が木の枝から枝へ飛び移るようである」、つまり、心は移り変わりやすいもので、常に正しく安定した状態は保てない！　というわけです。

若い頃から延暦寺で修行を積んできた法然でさえそう思うのですから、出家していない民衆たちが守れるわけもありません。

◇それまでの観想念仏を「古い」と一刀両断！

法然は二十四歳のときに、京都・嵯峨《さが》の清涼寺《せいりょうじ》に七日間籠もり、修行をしたことがあります。そこでは、比叡山とは違い、老若男女、貴賤、僧俗などの区別なく、みな平等に合掌して礼拝していました。

こうした光景を目にした法然は、山に籠もって学問修行をするだけではダメだと思い、「一般の人々を救うことが自身の使命だ」と考えるようになっていました。

法然は、源信の『往生要集』で阿弥陀信仰を学びましたが、その教えは前述の通り、「心を清くし、静寂な境地で阿弥陀仏をイメージしながら念仏を称えること」とされています。

そして、「阿弥陀仏に浄土に導いてほしい」「浄土に生まれたい」という念を持つことも大切でした。

この源信の教えも、過酷な修行に耐えられない一般の人々に向けたもので、他の宗派の教えに比べればかなり簡単です。

それでも、実際にやってみようとすると、なかなか難しいことに気づくはずです。毎日、忙しい中で、「仏をありありとイメージしながら、念仏を称えよう」と言われても、なかなか続かないものでしょう。

そこで法然は、源信が提唱した仏の姿をイメージしながら称える念仏（観想念仏）に対し、口に出して称えるだけの念仏（称名念仏）のほうが手軽なのでは、と考えたのです。

そして、法然がこの二通りの念仏について、『往生要集』を講じて浄土教の教えを授けてくれた師匠の叡空《えいくう》に話したところ、師匠は「観念（観想）のほうが優れている」と答えました。

しかし、法然は反論します。

「称名念仏は本願の行（阿弥陀仏の『衆生を救いたい』という願い＝本願に基づく修行）であるから最もすぐれているのでは？」

すると叡空は、

「亡くなられた私の師匠であった良忍《りょうにん》上人も、観仏（観念）がすぐれていると言っていたじゃないか」
と法然をたしなめます（ちなみに、良忍は融通念仏宗《ゆうずうねんぶつしゅう》の開祖であり、声明《しょうみょう》中興の祖としても知られますが、阿弥陀仏から直接偈文《げもん》を授けられたのだとか）。

法然はここでズバリと指摘します。

「良忍上人も先にこそ生まれ給《たま》いたれ」

（良忍上人は、私たちより先に生まれているじゃんか。それ、古いっしょ！）

いつの時代もそうですが、昔ながらの「主流」を改革していく人が、どこかにいるわけです。そういう人は、最初は周りに受け入れられないものでしょう。法然も同じなのでした。

必要最低限で最大の効果！
それが「南無阿弥陀仏」の念仏だ！

善導の『観経疏』の一文で目が覚めた法然は、徹底的に「南無阿弥陀仏」の念仏に集中していきます。

法然は、「たちどころに余行を捨て、ここに念仏に帰」した（『選択《せんちゃく》本願念仏集』）のです。

「そんなに瞬間にわかってしまうのか？」とも思いますが、達人はある程度自分の中に経験的な確信をもっており、他の達人の経験を知ると一瞬で「それが正しい」とわかってしまうものです。こういったことはスポーツの世界などでもあるようで、言葉では伝わらないのですが、「あー、アレね、アレアレ」みたいな感じでわかってしまうわけです。

乱れる心を鎮《しず》める「禅定」（瞑想）、迷いながらも実践する「善行《ぜんぎょう》」などがそれまでの仏教でした。

しかし善導は、仏教の目的はお釈迦様と同じさとりを得ることであり、阿弥陀仏の本願の御心《みこころ》（「すべての衆生にさとりをもたらしたい！」ということ。191ページ参照）が、私たちに「南無阿弥陀仏」と称えさせてくださると考えました。

法然は、善導のこの考え方に、長年修行の中で思い悩んでいたことの答えを見出したのでした。

そう。いろいろなことをゴチャゴチャやるよりも、一つのことに絞り込むと全部解決するということなのです。それは、散らかった部屋の「断捨離」をするようなもの。**必要最低限で最大の効果を上げる。これが「南無阿弥陀仏」の念仏**です。

◇煩悩と罪悪にまみれた凡夫にこそ光明を！

法然は、新しい宗派をひらく必要があると考えるようになりました。

「出家していない凡夫《ぼんぷ》でも極楽浄土に生まれ変わることができる」という教えは、当時の日本ではまだ広まっていなかったのです。

確かに、出家して厳しい修行をした人が救われる、というのは納得がいきます。しかし、仏教の戒を平然と破って生活している凡夫が、いきなり浄土に行けるとは、なんとなく腑《ふ》に落ちない話です。これまで、凡夫が極楽浄土に行く道が説かれていなかったのも当然です。

ところが、法然は、煩悩と罪悪にまみれた凡夫こそが、浄土に生まれなければならない、つまり、**凡夫をはじめとするすべての人が救われなければならない**と、革命的な教えを説いたのです。これは、それまでの日本の仏教を大転換するようなものでした。

ここに、「浄土宗」が生まれたのです。

◇厳しい修行を積まなくても、女性でもOK！

法然は、ほとんどの人は最低の能力や資質しか持たない凡夫であり、凡夫こそがもれなく仏によって救われるべきだと考えました。これは、今までの仏教の考え方とまったく異なる、斬新なものでした。

実際、唯識教学に基づく大乗仏教の一宗派である法相宗《ほっそう》（奈良の興福寺《こうふくじ》、薬師寺《やくしじ》が大本山）では、阿弥陀仏は認めるものの、出家して修行していない凡夫が浄土に生まれ変わることを認めませんでした。

「念仏さえ称えればラクラク極楽浄土に行ける」というのは、真面目に修行している僧たちにしてみれば、不公平な気持ちもあるでしょう。

しかし法然は、仏の慈悲は「どうしていいかわからない人にこそ、注がれなければならない」と考えます。煩悩に満ちた罪深い者、つまり凡夫こそが救われるべき存在なのです。

また、**男女ともに等しく救われる**としたことも、法然の画期的な教えでした。それまでの仏教では、歴然とした女性差別がありました。比叡山や高野山《こうやさん》では女人結界《にょにんけっかい》といって、女性の入山が禁じられていました。

空海が再興したとも伝わる室生寺《むろうじ》（奈良県宇陀市《うだ》）では女性の参詣が許され、女人禁制の高野山に対し、「女人高野」と呼ばれました。ですが、そういった寺院はごく少なかったのです。

当時は、あの東大寺でも、女性は大仏殿の中に入って大仏を拝むことはできませんでした。法然は、**念仏を称えれば男女平等に救われる**と説いたので、これは今までの仏教からすると、本当に革命的なことだったのです。

究極の進化！
阿弥陀仏を信じてさえいれば救われる

「念仏を称えるだけでいい」という画期的な教えを広めた法然。その教えを受け継ぎ、さらに深めていったのが弟子の**親鸞**でした。

親鸞は平安時代の末期に生まれ、鎌倉新仏教の浄土真宗の開祖となった人です。

幼くして両親を亡くした親鸞は、和歌の才能を慈円《じえん》（のちに天台宗の最高位〈座主《ざす》〉となる人）に認められたことがきっかけで、出家し九歳で天台宗の僧侶になります。

難行苦行を乗り越えた親鸞ですが、結局、死後の世界のことも解決できず、「なぜ、

親鸞の教えは「阿弥陀仏さえ信じていれば OK！」と超シンプル

心は欲や怒りに満ちていて、どうにもならないのか」と悩み、比叡山を下りる決心をしました。京都の街に出た親鸞は、比叡山での旧友の聖覚《せいかく》と出会います。聖覚は、なんと法然上人に師事していたのでした。

聖覚の紹介で、親鸞は法然と運命の出会いを果たします。

◇親鸞の「他力本願」と「悪人正機説」

親鸞の教えは、師である法然の称名念仏を継承しています。

ただ、親鸞がスゴイのは、「念仏を称えるだけでＯＫ」という称名念仏をさらに進化させ、**「念仏を称えなくても、阿弥陀仏を信じてさえいればOK！」**としたところです。阿弥陀仏を信仰していれば、必ず救済され極楽に往生することができる、念仏は阿弥陀仏への感謝を示す言葉にすぎず、念仏自体には意味はないと考えたのです。

念仏を称えることすらしなくていい、ただ阿弥陀様を信じていればいいというのだから、極楽へ行く方法としては、かなりハードルが下がりました。

親鸞の浄土真宗の教えには、**「他力《たりき》本願」**という言葉があります。

阿弥陀仏は、「生きとし生けるものを救済するための本願」（誓願）を立てていました（191ページ参照）。その本願を叶えようとする阿弥陀仏の力（＝他力）によって救われることが重要なのであって、自ら修行を積むこと（＝自力）で救われる必要はない、と考えたのです。

だから、私たちに必要なのは阿弥陀仏への信仰心だけだ、というわけですね。

また、親鸞が唱えた教えには**「悪人正機説《あくにんしょうきせつ》」**というものがありました。親鸞の弟子の唯円《ゆいえん》が著したとされる『歎異抄《たんにしょう》』には、次のような言葉があります。

「善人なおもて往生をとぐ、いわんや悪人をや」

善人は進んで善行を積み、自分の力によって極楽浄土へ往生しようと努力します。ですが、悪事ばかり働く悪人は自力で往生しようとする気持ちが薄く、阿弥陀仏にすがろうとします。自力でなんとかしようとする善人よりも、阿弥陀様に頼る悪人こそ、阿弥陀仏に救われるのだと考えたのです。

中国から渡ってきた阿弥陀仏信仰は、鎌倉時代に至り、こうして、

「念仏を称えるだけでいい」

「念仏を称えなくても、信じているだけでいい」

という、とてもシンプルな教えに変わっていったのです。

浄土教の教えは、今も多くの日本人の心に息づいているように感じます。

阿弥陀仏の力によって地獄堕ちから免《まぬが》れ、救われるという教えが、大いなる安心感をもたらすからでしょう。

コラム

浄土教美術

平安時代の人々は、極楽浄土への憧れと末法への恐れを仏教美術に託しました。

いくつもの浄土教のお寺が、貴族の発願《ほつがん》によって建立されました。

代表的なのは、平安時代中期（十一世紀）の藤原道長による法成寺《ほうじょうじ》（現存せず）、十円玉でおなじみの藤原頼通の平等院鳳凰堂《ほうおうどう》です。

平安時代末期（院政期、十二世紀）には、奥州《おうしゅう》藤原氏によって岩手県平泉町の中《ちゅう》尊寺《そんじ》金色堂、毛越寺《もうつうじ》、無量光院《むりょうこういん》（現存せず）などが建てられました。

こうしたお寺は阿弥陀仏を本尊とし、やさしい表情の仏像がいくつも造られました。

特に有名なのは、平等院鳳凰堂の阿弥陀如来坐像です。蓮華座《れんげざ》の中央に座った坐像

平等院鳳凰堂の阿弥陀如来坐像。周囲の壁には雲中供養菩薩像が懸けられている © 平等院

は、高さ三メートル弱。東大寺の大仏にはとても及びませんが、なかなかのビッグサイズです。

　周りの壁には雲中供養《うんちゅうくよう》菩薩像という五十センチメートルほどの小さな仏像が全部で五十二軀《く》、懸《か》けられています。雲中供養菩薩像は、それぞれ孫悟空の觔斗《きんと》雲《うん》のような雲に乗り、楽器を演奏したり、舞を踊ったり、様々なポーズを取っています。

　どの菩薩も好き勝手に演奏したり踊ったりしていて、まるで指揮者不在のオーケストラのような感じです。実際に目の前にやってきたら、かなり騒がしそうな気もしますが……。

この阿弥陀様を作ったのは、定朝《じょうちょう》という仏師です。定朝は平安時代を代表する仏師の一人で、その優美な作風は後世にも大きな影響を及ぼしました。

正面から鳳凰堂を見ると、金色に輝く阿弥陀様と、その周りの宙で舞う雲中供養菩薩たちが、こちらに向かってくるように見えます。

きっと、死の間際にはこうやって仏様たちが迎えにきて、極楽浄土に連れていってくれるんだろうなあ……。平安時代の人々は、そう想像しながら鳳凰堂の阿弥陀様を眺めたのかもしれません。

阿弥陀様が極楽浄土に迎え入れてくれる様子を表わした美術作品は、この時代にはとても好まれました。

絵画では、「来迎図《らいごうず》」が広まります。

来迎図は、阿弥陀様が菩薩たちを従えて、死を迎える人のところに左上から飛んでくるところを描くもの（185ページ参照）と、往生する人の視点で、真正面に阿弥陀様

『山越阿弥陀図』（国宝）は阿弥陀如来を中央に
周りには菩薩たちが描かれる

とこちらに向かってくる菩薩が描かれるものの、二通りの構図で描かれました。

上掲の『山越《やまごし》阿弥陀図』（京都国立博物館蔵）は、中央の阿弥陀様の胸と右の掌に小さな穴が開いています。そこには五色の糸が結びつけられていたと考えられています。

観賞する人（あるいは臨終を迎えようとしている人）は、その糸を持つことで、阿弥陀様とつながった安心感が味わえたのです。

おわりに……あとは阿弥陀様におまかせ！

未来はいろいろな世界に分岐する可能性を秘めています。それは「あみだくじ」のようなもので、線を一本加えるだけで、まったく違うゴールに流されてしまうのです。

その象徴が「地獄」です。

自分の一瞬の判断は、あみだくじに新しい線を入れるようなもの。それで未来がどんどん変わってしまうのです。

でも、あみだくじのどこに線を書き入れるのが正解なのかは誰にもわかりません。

それなのに、多くの人は自分の意志で未来を選択してしまったのだ、と勘違いしています。そのせいで「人生、思い通りにいかない」と嘆く羽目になるのです。

あみだくじに、自分の意志で線を引いてはいけません。

阿弥陀様にすべてをおまかせして、信仰心で線を引かせていただくのです。「自分がやってるんだ！」と我を出さずに、ただ手放しで流れに乗れば、自然とあみだくじにいい線が引けるようになるわけです。

いい線を引くためには、まずは様々な地獄のパターンを知ることが大切です。「これをやったらあの地獄に堕ちるから、やめておこう」などと確認しつつ、極楽浄土へ行くための修行で、いいことを引き寄せるようにしたらよいでしょう。

人間には、苦しいことがあると、その分喜びが大きくなる、という本能的な習性があります。いきなりポジティブな気分になるのは難しくても、一度地獄を見てから、「さあ、やり直そう！」と、気分を盛り上げるのは効果があるようです。

辛いことがあったら、とにかくそれを手放して、流してしまいましょう。

最後は、アニメ『地獄少女』の閻魔あいの、この台詞《せりふ》でお別れしたいと思います。

「この恨み、地獄に流します」

富増章成

仏教年表

B.C.	463年頃	**ゴータマ・シッダールタ（釈迦）**、誕生
	383年頃	釈迦の入滅 第一回結集の開催
	4世紀	第二回結集の開催（釈迦の入滅から100年） 上座部・大衆部に教団分裂→**部派仏教**へ
	268年頃	アショカ王即位、仏教を全インドに広める
	100年頃	仏塔（ストゥーパ）信仰が始まる
A.D.	1世紀	**大乗仏教**が出現
	1〜3世紀	インドで阿弥陀仏信仰が広まる 「浄土三部経」が成立
	150年頃	**龍樹**、誕生。のちに「空の思想」を説く
	538年	日本に仏教公伝
	9世紀	最澄・空海により 天台宗・真言宗がひらかれる
	985年	源信により『**往生要集**』が完成
	1052年	「**末法**」の始まり 藤原頼通により平等院がひらかれる
	1175年	法然、『観経疏』（善導著）に感銘を受ける。 のちに**浄土宗**をひらく
	1224年	親鸞により**浄土真宗**がひらかれる

【参考資料】

『往生要集 全現代語訳』源信著、川崎庸之・秋山虔・土田直鎮訳、講談社学術文庫／『地獄めぐり』加須屋誠、講談社現代新書／『浄土思想入門 古代インドから現代日本まで』平岡聡、角川選書／『図解雑学 法然』山本博子著、伊藤唯真監修、ナツメ社／『世界の名著（1）バラモン教典 原始仏典』『世界の名著（2）大乗仏典』長尾雅人責任編集、中公バックス／『ようこそ地獄、奇妙な地獄』星瑞穂、朝日新聞出版／『太陽の地図帖 地獄絵を旅する』加須屋誠監修、平凡社／『地獄の思想─日本精神の一系譜』梅原猛、中公新書

『地獄少女（1）～（9）』永遠幸・地獄少女プロジェクト、講談社コミックスなかよし／アニメ『地獄少女』アニプレックス／映画『地獄少女』NBCユニバーサル・エンターテイメントジャパン

【画像提供】

ColBase（https://colbase.nich.go.jp）：p17、19、50、63、73、93、99、121、135、151、157、160、180、185、212・218／フォトライブラリー：p57、198／国立国会図書館ウェブサイト：p66、89、110、117、143／佛教大学附属図書館：p69／九州国立博物館：p180、181／くろ谷金戒光明寺：p201／平等院：p216

本書は、本文庫のために書き下ろされたものです。

眠《ねむ》れないほどおもしろい地獄《じごく》の世界《せかい》

著者　富増章成（とます・あきなり）
発行者　押鐘太陽
発行所　株式会社三笠書房
〒102-0072 東京都千代田区飯田橋3-3-1
電話　03-5226-5734（営業部）03-5226-5731（編集部）
https://www.mikasashobo.co.jp
印刷　誠宏印刷
製本　ナショナル製本

 ISBN978-4-8379-6992-1 C0130

王様文庫